超省錢
浪漫婚禮

創意婚禮家 Ting&史黛菲 ◎著

幸福的鐘聲響起，
牽起另一半的手走向紅毯的彼端…

這是每個人的一生當中，最值得紀念的珍貴時刻，身為男女主角的你，一定很希望這場和眾人分享喜悅與幸福的婚禮能別具特色、令人難忘吧！

相信大家都知道，一場婚禮當中要處理的大小瑣事，以及龐大的開銷常常多到讓新人們想打退堂鼓，但誰說溫馨、浪漫的婚禮一定要勞師動眾、重金打造？這本『超省錢浪漫婚禮』除了教你：

1. 如何控制與節省預算，讓你不需要花大錢就能打造出專屬你倆的時尚個性婚禮。

2. 還有貼心的婚禮籌備時間表，一一提醒新人們各項籌備工作的準備時間，讓新人們能在寬裕的時間作好充分的準備，避免毫無頭緒、手忙腳亂的情況發生。

3. 以及準新郎、新娘不可不知的各種禮俗和省錢秘技，讓新人們皆能面面俱到。

『超省錢浪漫婚禮』的出版，讓結過婚的已婚族想再舉行一次婚禮；有結婚念頭的未婚族欣喜若狂；連不想結婚的拒婚族也蠢蠢欲動，因為結婚原來可以這麼輕鬆、浪漫而愉快！

超省錢 浪漫婚禮

CONTENT

Chapter 3 結婚進行曲！

Chapter 4 永浴愛河！

Chapter 1
當幸福來敲門

I DO...

當你和你的另一伴決定永遠緊緊握著彼此的雙手,

在眾人的祝福聲中,許下這一輩子的承諾,這個溫馨浪漫的時刻,

相信是所有新人都永生難忘的甜蜜記憶。

沉浸在幸福中的你們想婚了嗎……?

一場專屬你倆的婚禮,將為你們的兩人生涯響起幸福的樂章。

掌握幸福第一式>>> 控制婚禮預算

　　一場婚禮辦下來，開支相當驚人，也難怪理性的情侶總會說：「等存夠了錢再結婚吧！」但奢華的婚禮就一定能保證幸福嗎？相信答案絕對是否定的，而一場令人難忘的婚禮，也不一定非得要靠重金打造，相反地，往往有人對於婚禮的期許太高，認為這一生一次的婚禮一定要像是一場世紀婚禮才算成功，豈知風光體面的背後，除了必須砸下大筆的金錢，還要付出許多心力跟時間，因此搞得人仰馬翻，甚至造成感情失和的例子大有人在。

　　幸福，絕對不是用金錢來衡量的，但因錢財而帶來的現實壓力，卻會影響到彼此的幸福，因此成功婚禮的第一要件，就是應學會懂得控制預算。雖然說「有多少預算，就做多少事！」這並不意味著沒有錢你的婚禮就註定很寒酸，正所謂「創意無價」！因此只要能夠精確地掌握你的預算，再加上多一點點的巧思和創意，想要成功辦一場別具特色的浪漫婚禮其實一點都不難！

一般婚禮的開支項目與費用估計

婚紗攝影	NT＄8,000-100,000以上	**女方回禮**	NT＄60,000上下
新郎禮服	NT＄20,000-60,000	**喜帖**	NT＄20-100（一張）
訂婚＆結婚對戒	上千元-上萬元不等	**訂婚宴**	NT＄8,000-25,000（一桌）
喜餅	NT＄350-1,200（一盒）	**結婚宴**	NT＄8,000-25,000（一桌）
聘禮	視禮品而定	**婚宴會場佈置**	NT＄10,000-100,000以上
聘金	由雙方商議決定	**新娘秘書**	NT＄10,000-12,000

豪華版婚禮的其他開支

婚禮顧問

籌備一場婚禮，不免有許多大大小小的瑣事，如果準新郎新娘都屬於忙碌一族的現代人，不妨考慮請個經驗豐富又負責的婚禮顧問，只要把你們的預算和理想的婚禮形式告訴他，透過良好的溝通，就能輕輕鬆鬆做個風光幸福的新郎和新娘了。

新娘／郎保養課程

愛美是所有人的天性，誰都希望在一生之中最重要的大日子裡，展現出自己最完美的一面。因此現在有越來越多的SPA中心，紛紛推出新人的保養課程，從三天密集護膚到幾個月的塑身課程都有，讓新郎新娘在婚宴上，成為眾人稱羨的亮眼新人。

婚禮攝影

如果你希望將婚禮這幸福的一刻給永恆地保留下來，最好的方式就是以攝影做記錄了。如果預算足夠的話，還可以請專業攝影師，包括事後的剪輯配樂，甚至加上文字旁白，就像看一齣ＭＶ一樣精采，讓你倆永遠都能牢記這溫馨感人的時刻。

婚宴主持＋樂團演奏

一場令人印象深刻的婚宴，氣氛的營造可說是非常重要的，因此有些人會選擇請訓練有素、口才優異的主持人來為婚宴加分；或是現場樂團的演奏，更能帶給新人和賓客羅曼蒂克的感動。

如何估計婚禮預算？

　　從婚禮的一般開支費用中可以看出，每個項目之間的價格差距其實非常大，差異從數千元甚至數十萬元都有，其中花費最高的項目，通常為：婚紗攝影、喜餅、婚宴和蜜月旅行，而事後引起最多爭議的，也不外是婚紗攝影和婚宴，真的是收費越貴，服務和滿意度就一定好嗎？那可不一定喔！

　　在這些眾多的婚禮預算項目當中，還隱藏著許多的細目，往往是很容易被忽略掉的開銷，因此如果事前沒有做好完善的預估與了解，很有可能在籌備的過程當中，會出現越來越多額外的支出。

　　要如何精準的計算以及確實掌控籌備一場婚禮所需花費的預算，並且讓每一分錢都花得值得，其中的學問真是不少，聽聽專家的意見，才能讓你的婚禮既能辦得風光體面，又能避免荷包大失血的遺憾發生。

婚紗攝影

❋ 平均價位：＄8,000-100,000

　　以最熱門的台北市婚紗街－中山北路來說，婚紗攝影的平均價格約是從4萬元以上起跳，而一些較常為名人拍攝婚紗或是請明星代言的名店，基本價位更是高達7萬元以上。但同樣位於台北市，屬於中價位的愛國東路，平均的價格訂在2萬8千元左右，是一般人較能夠接受的合理範圍；至於在外縣市的地區，想要找到約8千元的婚紗攝影，也一點都不難。

　　至於素質上的差異，其實就見仁見智了。一般來說，婚紗攝影公司的配套幾乎都是很制式的，因此不論是8千起跳或是10萬元以上的配套幾乎都差不多，而名氣較大的婚紗公司之所以價格會如此天高地遠，通常是標榜聘有知名的攝影師、婚紗禮服款式眾多、相本設計精緻，以及只限棚拍或是外景拍攝的費用也有所不同。但只能說藝術的東西畢竟很主觀，千萬不要迷信名牌，認為有名就一定好，如果一昧相信名氣，勉強超出能力範圍選擇了一家名貴的婚紗攝影公司，因而賦予了過高的期望，到時見到作品後的心態落差恐怕也會更大。

　　因此理性的訂出自己能力所及的預算，再依照這個預算去尋找攝影風格符合你們兩人心目中理想的婚紗攝影公司，想要拍出好的作品，多看多比較可是很重要的必修課，如此一來，相信即使不用花大錢，你們也一樣能成為最上鏡的男女主角！

新郎禮服

✳ 平均價位：$20,000-60,000

　　婚禮上新娘所穿的婚紗多半是由婚紗攝影公司包辦，因此不用擔心。至於新郎的西裝禮服，就必須特別訂做了，包括襯衫、領帶、西裝外套、西裝褲、皮帶、襪子、皮鞋，最好都是新的，並且要能夠配成一套。

　　西裝除了款式的選擇之外，合身是非常重要的，因此通常在婚禮上所穿著的西裝會選擇以訂做的方式，最好是在準備婚禮的前兩到三個月就開始挑選適合的西裝店，並且挑選款式跟量身製作。

　　現代的新人較有整體性及創新的視覺概念，因此新郎的西裝禮服，也開始跳脫傳統的灰黑色系，選擇跟新娘禮服互相搭配的色調，包括大膽的藍色絲絨、銀灰色緞面這類較華麗的顏色及布料也非常受到歡迎，不過選擇這類西裝也必須要有心理準備，就是日後可穿著的機會不大，因此是否有這個價值也成為需要考量的因素。

♥ 不同風格的禮服款式

　　婚禮當中，新郎同樣也是主角，為了要跟華麗美艷的新娘有所匹配，新郎的裝扮當然也馬虎隨便不得。隨著男性美學的意識抬頭，在新郎的禮服上也出現明顯變化，如果覺得一般的西裝太過普通，以下的禮服種類，都是目前相當受到男性所歡迎的款式，想要做個有型有款的新郎嗎？那就不妨好好參考一下！

華麗隆重風

　　長禮服、燕尾服都是屬於非常正式且隆重的大禮服，它們的特色是款式及顏色變化不多，外套以黑色和灰色系為主，有如風衣一般及膝的長度。除了外套、襯衫與褲子之外，必須要加上一件同質料的背心，才算是完整的一套。

　　不過由於這樣的剪裁，很容易讓上半身顯得過長，因此如果是屬於個子不高的男生，建議不要選擇這類型的禮服，以免會使身材看起來更加矮小。

簡約穩重風

　　Tuxedo是屬於半正式的小禮服，是目前除了西裝之外，最常見的宴會禮服，它是燕尾服的簡化版，特色是有較多變的顏色款式，但是領子部分必須是絲光緞面，可搭配同樣絲光質料的背心或是寬腰帶。選擇這種小禮服，應搭配同色系的領結，讓人看起來既穩重又簡單。

超省錢
浪漫婚禮

♥ 為禮服加分的配件

　　男性的禮服款式變化不大，如果想要呈現出不同的個人風格，就要利用一些禮服配件來加分嘍！

胸袋巾：深色或黑色的禮服太過單調，可利用胸袋巾做點變化，尤其是不同的摺法，就能呈現出不一樣的感覺。

領巾：同色系或是對比色的領巾裝飾，會給人一種現代而有型的印象，很適合性格大膽又前衛的年輕新郎。

袖扣：別緻高貴的袖扣，是身份地位的象徵，是穿著講究的新郎，絕對少不了的禮服配件之一。

訂婚&結婚對戒

❋ 平均價位：數萬元不等

　　雖然現代有許多人，已經將訂婚跟結婚儀式合併在一起，因此訂婚的婚戒也被省略掉了。事實上，在傳統的習俗當中，訂婚和結婚戒指是有所不同的，而且訂婚的婚戒往往比結婚戒指更加貴重，因為它是代表男方向女方求婚時的信物，因此當女方接受了男方的求婚之後，便會在訂婚期間一直戴著這枚訂婚戒指，以表示回應男方的許諾，這也就是為什麼訂婚戒指通常都是以較貴氣的純金或單顆美鑽為主。

　　而結婚戒指通常是一對男女對戒，在婚禮儀式之中扮演著雙方交換的信物，象徵兩人從此結合，並且將永遠接受、信任、照顧對方，因此在結婚之後，這對婚戒便會一直套在兩人左手的無名指上。由於婚戒是屬於對戒，且為了配戴方便，結婚戒指的設計款式就會比較中性、大方，而材質與訂婚戒指相比，也較為典雅，以白金、碎鑽等較受歡迎。

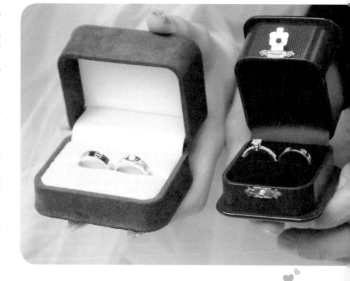

♥ 戒指的樣式選擇

　　婚戒除了代表兩人堅守的愛情誓約之外，也有人認為它是品味和身份的象徵，因此不同的材質也具有不同的意義：

鑽石：閃耀璀璨的鑽石是多數人的首選，除了它的不凡身價之外，鑽石是所有寶石中硬度最大的，因此它象徵著海枯石爛永不渝的堅貞愛情。一般的鑽石婚戒，有十分、三十分、五十分甚至是一克拉的閃亮鑽戒做選擇，而十分的鑽石對戒，價格在一萬上下至兩萬元左右，分位數越高，價格自然就越昂貴。

純金：金飾的價值永恆，除了保值之外，它閃耀奪目的不變色澤，有著財富和愛情恆久不變的涵義。而它更是傳統習俗中，雙方家長作為贈送新人們的必要飾品之一。

寶石：依價位和個人喜好的選擇，紅、藍、綠寶石、琥珀、翡翠、水晶也受到不少人的歡迎，像是紅、藍、綠寶石分別就代表著熱情、高雅氣質與財富，而翡翠則有避邪吉祥之意。

選擇婚戒時的小叮嚀

其實不論是哪一種材質，只要是符合雙方所喜好的款式，就是最適合你們的婚戒。除此之外，選購時也別忘了注意以下的叮嚀事項喔！

1. **預算拿捏**〉〉不要迷信於婚戒越昂貴就越好，而應該根據自己所能負擔的預算做考量。

2. **廠商信譽**〉〉信譽良好的珠寶首飾公司，除了能提供完善長期的售後服務之外，品質和價格也比較有保障。

3. **維修保固**〉〉婚戒也需要有保固服務，例如定期清潔保養、戒面修補、指圍修改等。

喜餅

❋ 平均價位：＄350-1,200（一盒）

　　依照傳統的習俗，在訂婚時男方要準備喜餅讓女方贈送給親朋戚友，以昭告大家「吾家有女初長成」，並且讓親友能一起沾沾新娘子的喜氣，因此在喜餅的選擇上，多半是由女方和女方的家長所決定的。目前較受歡迎的喜餅分為以下幾種：

中式喜餅

口　味：傳統的中式喜餅為了增加濃郁的香味，常會添加油蔥、豬油等材料，因此口味偏重，但是近年來健康意識抬頭，有些商家也已推出口味較輕淡的中式喜餅。

包　裝：取民俗的圓滿之意，中式喜餅通常都是一個圓形的大餅，在包裝上也沿襲著古代龍鳳圖案的大紅色喜氣風格，屬於較樸實、傳統的設計。

保存期限：強調傳統手工製作的中式喜餅，食材以生鮮類為主，因此保存期限並不長，大約只有7天左右。

西式喜餅

口　味：西式喜餅中，絕對少不了奶油的濃郁口感，再加上香氣獨特的花草調味，以及各種核果、燕麥，一口一塊的份量，甜而不膩，因此廣受一般人的喜愛。

包　裝：以緞帶、絲絨、蕾絲多元素的設計，加上內部講究的包裝紙，使得整體看起來華麗夢幻，最能夠抓住女生們羅曼蒂克的心。

保存期限：多半是屬於餅乾、糖果類的西式喜餅，保存期限比較長，通常可以存放約1個月之久。

日式喜餅

口　味：日本的糕點向來以精緻為名，因此它的喜餅也不例外，雖然材料方面不外乎是以麵粉、奶油、豆沙為主，但是在味道方面，甜度不高，而口感也是非常細緻綿密，因此較受到年長人士的喜愛。

包　裝：日式的喜餅設計用色簡單乾淨，相當樸素典雅，屬於極簡風格，但是包裝卻非常精緻，因此價錢相對來說也比較昂貴。

保存期限：由於同樣也是以糕餅為主，因此也可以收藏得比較久，大約同樣是1個月的時間。

特製化喜餅

　　一般市面上的喜餅，都是由店家已經搭配好的組合，因此對於口味的選擇還是有所限制，而目前非常受到歡迎的特製化喜餅，則是可以根據個人不同的喜好，自行選擇不同口味的喜餅做搭配，而價錢則是根據每個喜餅的單價來加以計算。如此一來，選購者就能根據收禮者的喜好選擇適合的口味，例如送給長輩的喜餅，就可以選擇口味清淡、不油膩的健康組合，而送給喜歡嘗新的年輕朋友，也可以選擇口味較獨特的異國糕餅，讓收禮的人能夠真正享受美味之外，也能更加感受到送禮者的體貼與用心。

聘禮

❋ 平均價位：視禮品而定

　　傳統習俗中，男方與女方訂婚時，除了聘金之外，還會準備6件或12件的聘禮，也就是俗稱的6禮或12禮，而同樣的，女方也會贈送男方6禮或12禮做為回禮。

傳統的6禮當中，包括了：

1. 大餅（中式漢餅）

2. 禮餅（俗稱的喜餅）

3. 米香餅（有嫁了好丈夫的意喻）

4. 禮燭、禮砲、禮香雙份（敬神祈福、平安幸福之意）

5. 糖仔路、福圓（也就是糖和龍眼乾。象徵圓滿、甜蜜）

6. 金飾、衣飾、布料（新娘的一身行頭。由男方母親準備，以做為給未來媳婦的見面禮）

如果想要更加體面隆重，也可增加到12禮：

7. 四色糖（包括冬瓜糖、桔糖、冰糖和金棗等4種。有祝福新人甜甜蜜蜜、白頭偕老之意）

8. 豬肉（全豬、半豬，或是現代多半以火腿代替）

9. 閹雞、鴨母（有婚姻永固的意思）

10. 鮮魚、生雞（各六隻，代表年年有餘、朝氣蓬勃的好兆頭）

11. 酒（除了敬拜祖先之外，也象徵整年平安順利）

12. 麵線（表示美滿姻緣一線牽，並有長壽之意）

以上的聘禮項目是依照大多數人的傳統習俗，每樣禮品都具有不同的涵義和吉祥之意，因此也可根據不同的地方習俗做更改，為了避免兩家的習俗不同而發生爭議，在準備前最好先互相討論商量後再決定。

不過對於現代人來說，經濟實用似乎更加重要，因此雖然這個習俗依舊保留了下來，但所贈送的禮物就會依照實際的需求而有所調整，有些人甚至會直接將禮金裝入六個紅包袋之中取代六禮，讓新人自行利用這筆錢購買結婚所需要的物品會更加實用有意義。

聘金

　　聘金是男方在跟女方訂婚時，為了表達對女方父母將女兒辛苦養育成人的感謝之恩，而送上的一份禮金，由於是象徵著一份感恩之意，因此當中的金額數目沒有一定的規定，由雙方經過討論之後決定即可，但必須是雙數才表示吉利。

　　正所謂談錢傷感情，聘金應該包多少，兩家人的商量討論也是一門大學問，因為很有可能一個不小心，就會造成對彼此的誤會和不開心，因此居中協調的人選，最好是找個有經驗又很有說話技巧的媒婆，事前先讓他知道男方在能力範圍中的聘金預算有多少，這樣比較容易控制在預設的範圍內，讓男方不會造成經濟壓力，而女方也會覺得很有面子。

　　不過由於現代人生活較富裕，以及男女平等的觀念，收取聘金的習俗慢慢已經成為一種象徵形式，有些人會將聘金分成大聘跟小聘，在訂婚當天，大聘只是拿出來做做樣子，而小聘才會真正交給女方父母。

　　不過在此還是應提醒各位新人們，許多傳統的禮俗雖然有其保留的價值與意義，但是規矩畢竟是人訂的，因此在遵循這些傳統禮俗時，也不要忘了考量彼此的狀況與處境，如果一昧堅持傳統而不懂得變通，不但會失去其原有的真意，更有可能破壞雙方的感情，相信這是誰也不願意發生的事吧！

女方回禮

❋ 一般約 $60,000上下

　　訂婚時男方所帶來的聘禮，女方會回敬一部份，如四色糖、禮燭、禮砲、禮香、數盒喜餅以及給男方準備的隨身物品做為回禮。這些送給男方的隨身物品可做為新郎結婚時所穿戴的禮服及飾品，傳統上是由岳母為未來女婿準備的，不過現在多是由新人自己選擇。如果不是太講究名牌的話，這一整身的行頭加起來，大約在六萬元上下就可準備齊全了。

這些隨身物品同樣為6件或是12件，通常包括：

1. 西裝　　2. 襯衫　　3. 領帶

4. 皮帶　　5. 皮鞋　　6. 領帶夾

7. 襪子　　8. 袖扣　　9. 手錶

10. 皮夾　　11. 刮鬍刀

12. 禮帽（可用紅包代替）

喜帖

喜帖的主要作用，就是讓新人的親朋好友都能得知兩人的喜訊，並且邀請大家一同來參與及見證兩人的婚禮或喜宴。目前有許多的飯店或是婚禮公司，都會將喜帖包含在基本的服務配套當中，不過這種喜帖通常比較制式化，所以缺少了獨特性，但如果不想因喜帖印製而大失血的新人，倒是可以因此而省下一筆可觀的費用。

然而如果希望自己的婚禮能別具一格，當然從邀請函開始，自然就應該讓人眼睛一亮，現今有許多個性化的喜帖專門店，就是專為有這樣訴求的新人提供服務。從紙張的選擇、圖案、款式，甚至是香味，都能依照個人的需求而量身訂做，如果還是覺得這樣的喜帖不夠有創意，以其他材質如水晶、錫片、銅片，來取代傳統的紙張製成喜帖，不但特別，也相當有份量，相信收到喜帖的人，一定會捨不得將它丟掉而珍藏起來，不過，這樣的喜帖費用自然也相當可觀。因此奉勸各位新人，除非你們在這方面已經有一筆為數不少的預算，不然若是以省錢為考量目地的話，倒是可以在喜帖的開銷費用上省下一筆不必要的支出。

印製喜帖時的小叮嚀

1. **數量** 喜帖可千萬不能亂丟，必須先確定預計宴客的人數，慎重選擇所邀請的賓客，千萬別把自己的婚禮當成賺錢的PARTY，所邀請的人必須是和雙方有一定程度關係的人。除了確定的數量之外，最好能多印一些備份，以當寄送遺失或是其他人主動索取時所需。

2. **預算** 根據自己所設定的預算及所需印製的數量，便可計算出印製每張喜帖的單價，如果印刷數量龐大，還可向廠商要求折扣。

3. **款式** 在選擇款式時，除了依照雙方的喜好之外，也別忘了考慮到長輩們的傳統想法，或是某些特殊的宗教信仰和文化。

4. **廠商** 多做比較和參考，實際了解廠商的印刷品質，選擇專業、口碑良好的喜帖業者，並且在做出決定前，詳細閱讀所有交易條款，以保障自己的權益。

5. **寄送方式** 以郵寄方式投遞喜帖時，最好先確認郵寄地址是否正確，之後可再以電話確認對方收到與否和是否確定出席。長輩或某些身分特殊的受邀人，最好是以親自送交喜帖的方式以示誠意。

新娘秘書

❋ 平均價位：約為 $10,000-12,000

　　新娘秘書的工作，簡單來說就是負責新娘婚宴當天的化妝及換裝梳理等事宜。由於在喜宴當中，新娘通常都會換上2-3套的禮服，因此需要有專業化妝師幫她更換整體造型。依據費用的不同，新娘秘書的服務範圍也有所不同，例如新娘秘書是否會在喜宴時全程陪伴；是否會在更換禮服時，同時更換不同的髮型和彩妝等…這些細節應該都在選擇新娘祕書前確定清楚。

　　隨著現代人對於婚禮的細節越來越重視，不僅新娘秘書的需求量大增，其競爭也非常激烈，因此有些業者會以低價攻勢爭取顧客，為了避免因此而影響到自己的權益，新人們除了應在做出決定之前，問清楚新娘秘書的服務項目之外，還應該確定新祕的專業熟練度，像是比較有經驗的新娘秘書，在進行換妝時，時間不會超過10-15分鐘，另外，透過試妝的要求也可以從中了解新祕的彩妝技巧。

訂婚宴

❉ 平均價位：一桌約為＄8,000-25,000不等

依照傳統的婚禮，訂婚與結婚的儀式是分開舉行的，因此在舉行完訂婚的儀式之後，女方就會宴請男方家長以及女方的親朋戚友，而宴客的費用是由女方所負擔，而男方通常會依照傳統，幫女方付一桌喜宴的費用，也就是習俗所稱的「壓桌費」。

但現代也有許多新人，會選擇訂婚宴與結婚宴一起舉行，這樣不但可節省許多時間，而且場面也因賓客眾多顯得更加熱鬧，同時也能讓男女雙方的親友有更多的認識機會，其實這也不失為一種值得採納的宴客方式。

結婚宴

❉ 平均價位：一桌約為＄8,000-25,000不等

若是訂婚宴和結婚宴分開舉行，一般的結婚宴所邀請的賓客就以男方的親友為主。對於預算有限的新人來說，選擇避開搶手的宴客好日子，除了可以不用跟許多人搶場地之外，還能夠享受到許多特別的優惠。

此外，在非旺季的促銷期，許多飯店會推出各種超值優惠配套，例如酒水折扣、蜜月套房免費住宿、贈送場地佈置……等，可以讓新人們省下一筆不小的開銷。

婚宴會場佈置

※ 平均價位：約在 $ 10,000-100,000上下

　　要讓參加喜宴的賓客都留下深刻的印象，宴客當時的氛圍是非常重要的，一般來說，專門辦理喜宴的飯店都會有基本款的佈置，不想大費周章佈置婚禮場地的新人，在選擇婚宴場地時，最好就要考慮飯店本身有特殊建築風格。但如果想要呈現的是獨特的主題式婚禮，在會場佈置上，就需要準備一筆額外的預算了。

主題式婚禮

　　所謂主題式婚禮，就是大量利用某些元素，營造出一種特別的氣氛，例如粉色系的鮮花、紗幔，再加上大量的乾冰、泡泡、燭光，以及飄在空中的心型氣球，就能讓婚禮表現出羅曼蒂克的浪漫風情。

　　喜愛藍白色系海洋風的新人，地中海式婚禮一定會深得你心，利用沙粒、貝殼以及藍白色系的薄紗等材料，就能創造出猶如置身在愛琴海的宴會場景。

戶外婚禮

　　戶外婚禮也是現在非常流行的一種充滿異國風情的婚宴方式，這類喜宴多半是以下午茶的方式在戶外進行，只要是有陽光的好天氣，在蟲鳴鳥叫加上清新的空氣和令人心曠神怡的綠草地上，即使是簡單素雅的佈置，也同樣能營造出讓人感覺溫馨舒適的氣氛。

　　而戶外婚禮之所以受到歡迎的另一個原因，就是在於它沒有固定的席位，因此如果新人不太懂得如何控制受邀人數，這種婚禮就比較能夠避免座位安排的問題；而另一方面，則是因為大家都能任意走動，因此更增加了賓客與新人之間的互動。

創意十足的省錢結婚秘技

　　龐大的婚禮開銷，往往是造成婚期不斷延後的主要因素，口袋裡缺少麥克麥克，卻又想結婚的人，除了求助於「喬治和瑪莉」（銀行貸款）之外，好好修煉這套省錢秘技，一樣能讓想婚的你們舉辦一場別具特色的創意婚禮！

♥ 省錢秘技一〉〉盡早籌備婚禮

　　越早籌備婚禮，除了時間越寬裕，能以較輕鬆的心情準備得更加周全之外，還可以在各種婚禮物品有折扣時，撿到好康優惠。像是喜餅、婚紗攝影、喜酒宴席等，都常會推出不定時的特惠方案，可以等到那時再預訂，自然就能省下一筆。

♥ 省錢秘技二〉〉參加聯合婚禮

　　喜歡熱鬧又怕麻煩的新人，建議你們不妨考慮參加由公家機關所舉辦的聯合婚禮，由於參加聯合婚禮可以不需要自行打理許多的細節，還能得到舉辦單位所提供的禮品，因此這樣的形式，越來越受到眾人的歡迎。再加上現今聯合婚禮創意十足，還會邀請多位重量級貴賓參加，能夠受到他們的祝福，相信也會成為日後令人難忘的一段回憶。

♥ 省錢秘技三〉〉多利用網路資訊

網路的發明，實在是造福了千千萬萬的現代人，不論是什麼樣的疑難雜症，幾乎都能從網路上獲得解決，你可以看看許多過來人的經驗談，了解籌備婚禮時可能會發生的狀況，或是一些創意好點子，以做為自身的參考。此外，透過虛擬的網路商店購物，也是非常省時省力又省錢的方式，任何你所需要、想要的物品，都可以在網上找到，其中當然包括了婚紗攝影、禮服租借、各式婚禮小物、婚禮專業人員服務……等。

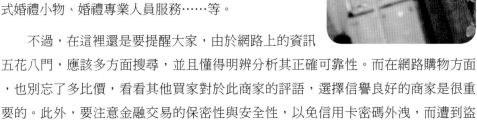

不過，在這裡還是要提醒大家，由於網路上的資訊五花八門，應該多方面搜尋，並且懂得明辨分析其正確可靠性。而在網路購物方面，也別忘了多比價，看看其他買家對於此商家的評語，選擇信譽良好的商家是很重要的。此外，要注意金融交易的保密性與安全性，以免信用卡密碼外洩，而遭到盜刷的不幸事件發生。

♥ 省錢秘技四〉〉使用電子喜帖

覺得一般的喜帖設計沒有新意，而出自名家的設計又價格昂貴嗎？隨著網路的普及化，表示電子喜帖的時代已經來臨！新人們可以隨自己的喜好、想法，設計出獨一無二的電子喜帖，從設計、修改到寄送，完全不需要任何成本費用，除了沒有網絡或不善於使用這種現代科技的對象外，電子喜帖完全沒有距離的限制，能夠快速又準確的送達，絕對是符合現代經濟、環保的一種方式。

♥ 省錢秘技五〉〉租借婚禮用品

　　許多的婚禮相關用品，像是婚紗、禮服、配飾等，可能除了在婚禮會派上用場之外，平日根本不可能再穿戴，因此不妨考慮以租借的方式。而在禮車方面，如果預算有限，也不一定要向租車公司出租，可向有車的朋友情商，並且擔任婚禮當天的駕駛，相信多數的人都會非常樂意沾沾喜氣的。

♥ 省錢秘技六〉〉以冷靜理智的態度多做比價

　　在選擇購買婚禮用品時，切記一定要貨比三家，到商品的集售地點選購，也是不錯的方式，因為在集售

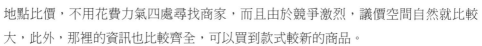

地點比價，不用花費力氣四處尋找商家，而且由於競爭激烈，議價空間自然就比較大，此外，那裡的資訊也比較齊全，可以買到款式較新的商品。

♥ 省錢秘技七〉〉DIY婚禮小物

　　想要讓眾人對你們的婚禮印象深刻，其中的方式之一，就是贈送一些精美的小禮物，在婚宴結束之後，送給賓客作為紀念，但是如果婚宴邀請的人數眾多，這種小禮物其實也會是一筆不小的開銷。若是時間充裕的人，可以嘗試DIY婚禮小物，自己設計製作一些特別的精緻禮物，不論是網路上或是書局，都能找得到很多婚禮小物的製作教學方法，材料的部份，則可到相關的批發商店購買，不但省錢，也能從中獲得不少的樂趣與成就感。

省錢秘技八 〉〉選擇婚禮淡季舉行婚宴

一般來說，六月份以及農曆八月十五日之後到年底的日子，都算是結婚的旺季，想在這段時間舉行婚宴，至少都要在三個月前才能預定到場地，因此想要在這時得到一些折扣或優惠，根本是不可能的事。不過對於婚禮淡季時，業者為了吸引顧客，自然就會推出許多特惠方案，如果想節省預算，希望賓客都能來參加你倆的婚禮，選擇婚禮旺季之外的日子準沒錯。

省錢秘技九 〉〉慎選賓客

邀請賓客可說是婚宴當中一門不小的學問。若是把自己的婚宴當成賺錢時機，亂丟紅色炸彈，尤其是平常都已失聯的小學同學、前任同事，硬要把人家挖來，實在令人困擾。若是席位有限，單身人士或許比已婚人士更應優先考慮，因為已婚人士可能會攜家帶眷，一桌的席位就被佔去了一半，人數也較難估計。

省錢秘技十 〉〉精準計算與估計

籌備一場婚禮時，預算的掌控可說是相當重要卻又不易的。像是在婚紗攝影方面，許多人由於所挑選的照片數量，超過了原本配套中所提供的，因此 而增加了婚紗攝影的預算；而飯店宴席方面，也是另一個需要準確估計的開銷，除了慎選要請賓客之外，當喜帖寄出之後，不時的確認與提醒是很重要的，以免婚宴當天，若是參加的賓客沒有預期得多，不但場面顯得冷清，若是預訂的席位無法退掉，就會成為不小的損失，不過最糟的是，如果來的賓客超過了原先所預期的，到時又無法加席時，那場面可就尷尬到極點了。

Chapter 2
甜蜜時刻

I DO

精準掌控好婚禮所需花費的預算開銷，是新人們邁向幸福的第一步，然而，舉行一場婚禮所需要處理的大小瑣事，同樣是新人們必須面對的第二項挑戰，想要從容不迫地順利將所有細節都處理妥當，最好的方式，就在於做好事前規劃。給自己充份多餘的時間來做準備，不想讓自己一生僅有一次的婚禮留下遺憾，其實一點也不難。

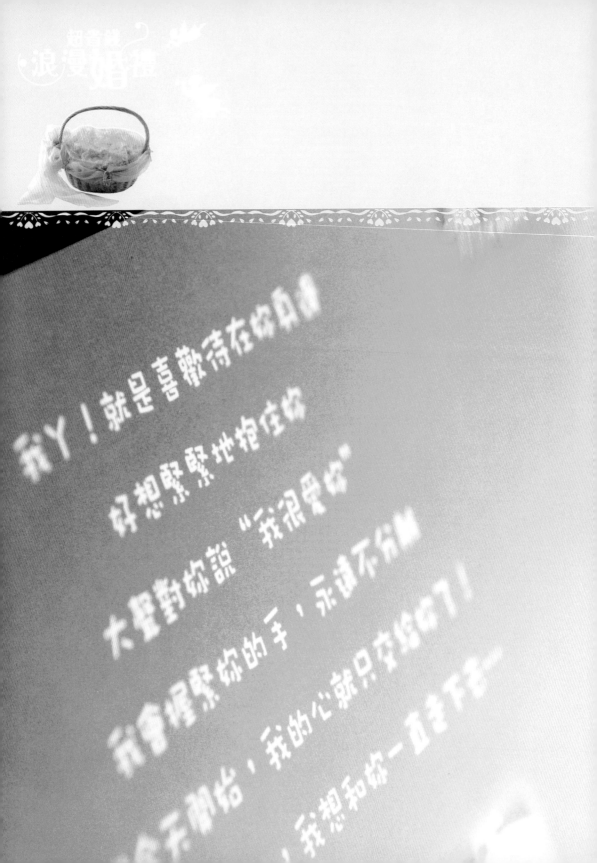

掌握幸福第二式>>>>
擬定婚禮籌備進程

　　總是在某些特定的日子，就能在馬路上看到許多不同的迎親車陣，或是在同一天，連趕好幾場喜宴，似乎大家都喜歡不約而同選擇在同一個時間舉行婚禮，這無非是因為那時是個宜娶宜嫁的好日子。

　　想要在黃道吉日舉辦婚宴，事前的時間規劃就一定要完善，否則就有可能不但挑不到自己喜歡的婚紗；飯店宴席也一位難求；甚至到時連邀請的賓客，也因為已經答應參加其他人的婚禮而無法出席，那將是多麼遺憾的一件事啊！

♥ 充分的時間規劃

　　婚禮當中的每個細節，所需要的準備時間都有所不同，有些事情可能在半年前就要開始籌備，但有些事情也許幾天前準備都還來得及。先把婚禮中所要準備的事項一一列出來，再根據專家的建議籌備期來做規劃，才不會匆匆忙忙、手忙腳亂喔！

各項準備工作與預計籌備期

☑
六個月前

- ☐ 決定婚禮形式及預算
- ☐ 選定婚宴之日
- ☐ 預定酒席場地
- ☐ 選擇婚紗攝影公司及禮服

- ☐ 瞭解相關禮俗及應準備物品
- ☐ 決定新婚住所及選購新居用品
- ☐ 進行婚前健康檢查

☑
三個月前

- ☐ 選購婚戒首飾
- ☐ 選擇喜餅樣式與數量預計
- ☐ 設計宴客場地佈置
- ☐ 擬定宴客名單
- ☐ 擬定工作人員名單及工作分配
  討論

- ☐ 進行護膚保養
- ☐ 試穿修改禮服及選擇相關配件
- ☐ 敲定新娘秘書

二個月前

□ 確定髮妝造型　　　□ 喜帖設計印製

□ 拍攝婚紗照　　　　□ 採購場地佈置及禮俗所需用品

一個半月前

□ 試吃酒席菜色

□ 預定禮車

□ 邀請並通知主婚人、介紹人婚宴時間

一個月前

□ 與婚宴相關之工作人員討論並確定負責之工作

□ 確定婚禮攝影、錄影人員

□ 打掃與整理新房

二週前

- ☐ 寄發喜帖並以電話確認出席人數
- ☐ 再次與工作人員確認婚宴細節
- ☐ 與飯店及婚紗公司聯繫確定相關事宜
- ☐ 進行護膚護髮保養
- ☐ 預定新娘、伴娘捧花、胸花、盆花、禮車用之禮花等
- ☐ 派送喜餅
- ☐ 領取婚紗照、婚卡等

七天前

- ☐ 清點各項用品是否準備妥當
- ☐ 確定修改後禮服是否合身
- ☐ 購買宴客當天所需之喜糖、瓜子、菸酒、汽水等
- ☐ 再次確認出席人數
- ☐ 進行護膚、護髮保養

兩天前

- ☐ 交代工作人員之注意事項與細節
- ☐ 再次確認婚宴場地及各項事務聯繫
- ☐ 新居打掃

一天前

- ☐ 與新娘秘書確定婚宴當天梳妝時間
- ☐ 進行全身保養
- ☐ 確認禮服、首飾、紅包禮及婚宴當天用品備齊
- ☐ 與工作人員確定集合時間及場地佈置事宜安排
- ☐ 禮車準備及告知司機路線與時間掌控
- ☐ 保持充足的睡眠休息

婚宴當天

- ☐ 保持愉快的心情
- ☐ 吃一頓豐盛的早餐
- ☐ 將貴重與重要的東西交由一位好友或專人保管
- ☐ 所有聯繫工作請一至兩位有經驗的親信全權負責，以安心投入婚禮的幸福氣氛當中

超省錢
浪漫婚禮

婚禮備忘錄

　　雖然有人說，結婚是兩個人的事，但不論是訂婚、結婚當日，都有許多的程序及細節需要注意，因此也需要其他人的幫助，才能讓一場婚禮儀式順利舉行。

　　尤其是在婚禮當天，身為主角的新郎、新娘，如果能夠以愉悅幸福的心情，接受眾人的祝福，而不用為婚禮的大小瑣事擔憂分心，那才是最完美、且具有紀念意義的婚禮，因此整個婚宴儀式當中的瑣碎事務，最好是能交給有經驗又值得信賴的人來負責。

　　如果你有足夠的預算，不妨考慮聘請一位婚禮顧問，讓他為你處理所有的大小事宜，但沒有這筆預算的人，在將工作交付給你所信任的親戚好友前，應擬定好一份備忘錄，詳細地列出婚禮當中的所有流程和預定時間，才能讓所有參與其中的工作人員，都清楚地知道何時應該做些什麼事，讓婚禮能夠順利進行。

超省錢
浪漫婚禮

出發前一個半小時至二小時

💜 男方親友團集合

事

準備事宜

1. 婚禮儀式所需物品，
   如：訂婚戒指、聘禮、
   聘金、紅包、鞭炮……
   等。

2. 禮車裝飾與配件如：禮
   花、紅綢緞、胸花……
   等。

3. 拍攝或紀錄訂婚儀式器
   材，如：照相機、攝影
   機……等。

人

負責人員

1. 聯繫與確定所有人員到齊。

2. 清點準備物品是否備齊。

3. 佈置禮車，確定所有人員的
   胸花、配件均已配戴。

4. 告知參加人員各自負責事項和
   注意細節，確定所有人都能熟
   知每項流程及時間的掌控。

出發前一小時

💜 男方親友團集合

事

準備事宜

1. 前往地點與地圖指
   引。

2. 聯繫工具，如手機、
   無線對講機……等。

3. 乘客名單。

人

負責人員

1. 確定禮車駕駛熟知前往地
   點與預訂抵達時間。

2. 每部禮車所負責承載之乘
   客分配。

抵達目的地

♥ 進行婚禮儀式

準備事宜

1. 婚禮習俗準備物品。
2. 拍照攝影器材。

負責人員

1. 掌控婚禮儀式在預計時間完成。
2. 拍攝紀錄儀式過程。

前往宴客地點前

♥ 抵達地點之交通聯繫

準備事宜

1. 前往地點與地圖指引。
2. 聯繫工具，如手機、無線對講機……等。

人

負責人員

1. 清點所有應帶物品。
2. 與禮車駕駛確定下一個抵達地點。
3. 確定所有乘客均已上車。

婚宴開始前一個半小時

💜 會場佈置

事

準備事宜

1. 婚宴相關器材用品,如:婚宴音樂、簽名綢、婚紗照、謝卡、文具…等。
2. 賓客名單。
3. 會場燈光、音效測試。

人

負責人員

1. 婚宴上若有男女雙方親友,可各自請男女方所熟識的人員擔任其招待工作。
2. 安排會場佈置。
3. 告知工作人員各自負責事項和所需注意細節。
4. 確定賓客名單及入坐位置。

賓客陸續到場時

💜 收禮與邀請賓客入坐

事

準備事宜

1. 茶水、點心。
2. 賓客聯繫名單。
3. 會場音樂。

人

負責人員

1. 禮金紀錄。
2. 安排來賓入席位置。
3. 聯繫重要賓客是否到場,以確實掌控開席時間。

宴席開始

💜 新人進場

事
準備事宜

1. 入場音樂。
2. 燈光音效。

人
負責人員

1. 安排工作人員入席，並隨時注意是否有晚到賓客的招待。
2. 貴重物品保管。
3. 隨時掌控宴席流程，如提醒新娘換裝、送客……等。

宴席結束

💜 會場整理

事
準備事宜

1. 婚宴所有自備物品清單。

人
負責人員

1. 清點與整理所有自備物品。
2. 借物品歸還，如：婚紗、禮車……等。

51

工作人員名單

職稱	負責事項	姓名	聯絡電話
男方親友團召集人	聯繫相關人員、工作分配及流程掌控		
男方親友團	協助婚禮儀式順利進行		
女方親友團召集人	聯繫相關人員、工作分配及流程掌控		
女方親友團	協助婚禮儀式順利進行		
媒人	訂婚儀式引導		
伴娘	協助新娘所需		
伴郎	協助新郎所需		
新娘秘書	新娘換裝、妝髮造型		
禮車駕駛	前往目的地之接送		
攝影	訂婚儀式全程紀錄		
拍照	訂婚儀式全程紀錄		

職稱	負責事項	姓名	聯絡電話
宴會總招待	協調餐廳事宜，工作分配及流程掌控		
男方招待	帶領男方賓客入席、安排桌次、茶水、點心補充		
女方招待	帶領女方賓客入席、安排桌次、茶水、點心補充		
DJ	現場音樂及燈光效果控制		
攝影	婚宴儀式全程紀錄		
拍照	婚宴儀式全程紀錄		
司儀	婚宴主持		
收納	負責收禮金及記帳		
總務	計算水酒量、保管禮金、支付喜宴款項		
其他			
其他			

✄ 掌握幸福第三式＞＞＞＞
為幸福加持的婚禮習俗

不論是哪裡人，在特定的節日慶典
當中，都有著不同的傳統習俗，一生
一次的人生大事當然更不能例外，
為了希望兩人白首到老、幸福美
滿，長輩總不忘提醒新人要遵
守許多傳統習俗，從提親、訂
婚、迎娶、歸寧等，當中都有
不少儀式，雖然這些儀式看似
繁瑣，要準備的東西更是不
少，但若是能夠多了解這些習
俗，就能儘量避免觸碰到婚嫁
當中的禁忌，而在籌備與進行
這些禮俗的過程當中，其
實就會發現到這些
傳統禮俗的涵義
可是非常有意
思的。

由於不同的地方文化背景，許多儀式和習俗也
可能會有所不同，因此這裡所介紹的，是一般
的通俗儀式，提供給各位新人們作為參考，
不過希望大家都能記得，這些禮俗的
本意，都是為了讓兩人的婚姻長長久
久、甜蜜幸福，因此當各自在某些儀
式上意見有所分歧時，千萬不要為
了堅持己見而傷了感情，彼此的心
意更勝於表面上的形式，懂得相
互尊重對方的信仰與文化才是最
重要的。

💗 為第一印象加分的提親禮俗

當男女雙方的感情非常穩定，
並且認定對方就是相伴此生的牽手
時，就進入了提親的階段。依照傳統習
俗，提親是由男方與其家長正式前往女方
家表達想迎娶女方的意願，並且在徵得對方
同意之後，進一步討論有關婚事的籌備等細節。

印象加分的提親禮俗

1
POINT

事先告知

男方在跟父母前往女方家提親前,不妨先邀請女方家長吃頓飯,禮貌地告訴他們,你們打算結婚的消息,在得到女方家長的允許之後,再約定正式上門提親的日子,讓雙方的家長都有了事前的心理準備,便會使得提親更加順利。

2
POINT

做好準備功課

提親時所要討論的事項很多,為了能夠順利達成共識,男女雙方扮演好居中協調的角色是很重要的,因此小倆口應做的準備功課就是:彼此先建立起默契,再把這些想法明確地和自己的父母事先做溝通,也能同時了解到長輩們的看法,這樣在提親時的討論,才不致於出現太大的分歧或是摩擦。

3 見面時的互動

POINT

由於是男方前來提親，因此要儘量表現的主動積極，適時提出討論問題與
徵求女方意見，如果男方家長的口才並不好，或是對於相關禮俗不甚了
解，不妨找個有經驗的協調人來扮演媒人的角色，能讓彼此之間的氣氛變
得更加熱絡。

4 提親時的討論事項

POINT

在提親的時候，雙方應將各自的禮俗與要求表達清楚，並且透過溝通達成
一致的協定，像是女方在訂婚時有些什麼樣的禮俗、聘金與聘禮的要求、
婚期是否由男方在合過兩人的八字後再做決定、婚宴的形式與場地等……
都是應進行討論的事項，而且最好在做出決定之後，不要再輕易更改。籌
備婚禮時，最怕發生的就是討論時沒有任何意見，但是在過程當中，卻出
現很多想法跟要求，這樣會很容易造成雙方的困擾及爭執。

提親應注意的事項

❀ 男方

☑ 準時赴約

守時是給人良好印象的首要條件,尤其是在如此重要的日子,如果真的因為某些意外事故而遲到,一定要事前先以電話通知,並且表達你的歉意,千萬不要讓對方家長有不被尊重的感覺。

☑ 服裝儀容整齊乾淨

千萬不要忽略了外在的形象,尤其是與長輩見面時,穿著和打扮除了乾淨之外,也要穩重得宜,即使你覺得自己是個走在時代尖端的新新人類,也要顧及到長輩們的看法,太過標新立異或是完全不注意形象,可是會讓對方家長對你的印象大打折扣的。

☑ 準備見面禮

帶著兩串蕉空手登門拜訪可是很失禮的,花點心思選擇一件小禮物,不但是一種禮貌,也會讓對方家長感覺到你的細心與用心,才能更放心把女兒的終生幸福交給你。

✳ 女方

☑ 打扮端莊得宜

略施脂粉能夠讓妳的氣色看起來更好，但千萬不要裝扮過了頭，太過華麗的服飾或是濃妝豔抹，可能反而會讓長輩對妳產生負面的評價。簡單乾淨才能展現妳儉樸單純的優點。

☑ 態度和善親切

記得時常保持甜美的微笑，能讓對方更加有好感，即使是在這種令妳感覺緊張的正式場合時，若總是緊抿著嘴，或是保持一張嚴肅刻板的臉，很容易讓人誤會妳是個不易相處的女生喔！

☑ 環境整潔寧靜

通常提親時，都是在女方的家中，因此最好事先將家裡收拾、打掃乾淨，而在討論如何籌備婚禮的時候，由於有許多的細節需要溝通，聽起來嘈雜的電視、音響最好通通關掉，以免影響情緒的波動，儘量創造一個令人感到寧靜舒適的空間。

面面俱到的訂婚禮俗

　　訂婚的禮俗通常是由女方來決定的，因此應該尊重女方的意見，遵照女方家的地方習俗來舉行。傳統的訂婚儀式會在女方家進行，而之後的訂婚宴席主要也是邀請女方的親朋戚友參加，直到宴席結束，整個訂婚儀式便算完成。

1
POINT

出發前的祭祖儀式

男方在訂婚當天，先上香祭告祖先並拜天公，祈求婚姻幸福美滿，之後再出發前往女方家。

2
POINT

抵達時鳴砲示意

出發前與抵達女方家前一百公尺時，男方會先鳴放鞭炮，而女方家聽到鞭炮聲時，也要放鞭炮回應。當新郎要下車時，由女方家的晚輩幫新郎開車門，並且端水給新郎洗手洗臉（目前端水洗手的禮俗多半已經省略），此時新郎會以紅包答謝。之後男方將聘禮交給女方父母，女方需給搬聘禮的人員紅包。之後由媒人介紹雙方親人相互認識，彼此寒暄問好，並說些吉祥祝福的話。

3 進行新人祭祖儀式

POINT

當良辰吉時到的時候，請女方邀請一位福壽雙全的長輩，來為新人進行點燭燃香等祭祖以及女方傳統婚嫁的儀式，以表示祝福新人能擁有圓滿幸福的婚姻。

4 新娘向男方奉茶

POINT

祭祖儀式結束，請男方人員依輩份入座，新郎則坐在最後，新娘則由媒人或一位好命的婦人陪同，一一奉甜茶給男方親友，媒人同時在旁說些吉祥話。

5 男方回敬女方紅包

POINT

當男方親友一一喝完甜茶後，女方的親屬才會進入屋內請新娘端著茶盤出來收杯子，男方親友此時應將事先準備好的紅包放在茶盤上，用茶杯壓住交給新娘。

6 新人交換戒指

POINT

在交換戒指的儀式時，較傳統的習俗是：新娘必須在媒人的陪同之下，面向屋外坐在客廳中央的高椅上，雙腳踩在小圓凳上，而此時，新郎將繫有紅線的金、銅婚戒，戴在新娘右手中指，代表夫婦同體同心之意，而新娘也為新郎戴上一枚戒指，在彼此互戴戒指的時候，通常都會上演一部戲碼，就是雙方的手指微彎，不讓對方將戒指套到底，象徵避免日後被吃定的意思。最後再由新郎的母親為新娘戴上項鍊、手鐲、耳環等見面禮。

7 雙方改換稱呼

POINT

交換訂婚戒指後，女方家燃放炮竹慶賀，之後媒人引導雙方改換稱呼，先由準新郎一一稱呼女方家屬，再由準新娘稱呼男方家屬。

8
POINT

女方收下聘禮及回禮給男方

最後請女方父母及新人祭拜祖先，以向先人稟告其婚事。並將男方送來的聘禮退回一部分，包括禮香禮燭禮炮各一份、幾盒喜餅，另外再回贈新郎六或十二件禮物，儀式進行至此算是告一段落。

9
POINT

舉行訂婚宴

女方設宴款待參加訂婚禮俗的雙方親友及媒人，並準備雞腿紮紅紙和紅包送給男方的小輩。在喜宴沒有結束前，男方要準備壓桌紅包給女方，並且先行離席，也不能向女方說再見，具有以避免下聘之事再來一次的涵義。

10
POINT

訂婚禮俗結束

男方回家之後，由父母或長輩陪同焚香祝禱，稟告祖先及神明已完成行聘納采禮節之事。

63

訂婚應注意的事項

❋ 男方

☑ **男方前往下聘的人數與禮車應為雙數**

雙數有著雙雙對對的吉祥涵義，因此不論是人數或是車數，都要為雙數，除了避開4或8的數目。

☑ **備齊訂婚所需物品**

a. 一般為六禮或是十二禮（禮品內容可參考Pg.22-23），或是現代也有人直接以六或十二個紅包取代。

b. 聘金，又分為大聘及小聘。一般來說，大聘是給男方「做面子」的，在進行訂婚儀式時讓女方親友看，之後再退還給男方；而小聘則是送給女方添購嫁妝或是購買回送男方禮物時用的。聘金的金額同樣是要雙數。

c. 舉行儀式所需的物品，例如鞭炮、紅包、壓桌錢等⋯

☑ **準時抵達女方家**

訂婚儀式多半選擇在良辰吉時舉行，因此千萬不可遲到，除了出發前必須熟知交通路線之外，還要預計抵達所需時間，其中也要包括塞車所耗費的時間。

❄ 女方

☑ 充足的睡眠與休息

一整天的訂婚儀式是非常累人的，不但沒有辦法飽餐一頓，就連休息的時間都沒有，因此必須要有充足的精神，再加上一頓豐富營養的早餐，才能夠應付這辛苦卻很重要的一天。

☑ 備齊訂婚所需的物品

a.回贈給新郎的六件或十二件禮品（禮品內容可參考 Pg.22-23）

b.舉行儀式所需的物品，例如香燭、甜茶、點心、紅包 等…

☑ 熟知訂婚儀式的流程

熟悉訂婚的流程，才能讓儀式在預定的時間內順利完成。此外，有些特別的習俗，例如當對方為自己套上訂婚戒指時，家長都會交代要將手指彎曲，不要被套到底，以免婚後被對方給吃定等，雖然只是一項習俗，但卻成為訂婚儀式當中最耐人尋味的重頭戲之一。

風光喜氣的迎親禮俗

迎親的禮俗，是將準新娘從女方家迎娶回來，並且在男方家舉行過門的儀式，因此相關的禮俗就以男方家為主，其過程和訂婚時大同小異，因此現今也有許多人已將訂婚和結婚儀式合併舉行，省去了不少時間、人力及開銷。

1 POINT 進行「安床」儀式

在迎親之日到來前，有個很重要習俗稱之為「安床」，就是選擇一個適合安床的吉時，將新房的床安置在益於新人的正位，之後請一個生肖屬龍的小男孩在床上翻翻跳跳，以代表「早生貴子」的祝福之意。

2 POINT 出發前的祭祖儀式

迎親當天，新郎在出發前，先舉行拜天公、祭祖儀式，以告知列祖列宗，即將迎娶媳婦過門。

3 POINT 抵達時鳴砲示意

當男方出發時與抵達女方家前，男方會先鳴放鞭炮，而女方家聽到鞭炮聲時，也要放鞭炮回應，以表示歡迎之意。

4 POINT 迎接新郎

由女方家一位晚輩為新郎開車門，請新郎下車，此時新郎會以紅包答謝。

5 POINT 喝甜茶

在男方吃過女方家準備的湯圓、甜茶之後，新郎將捧花交給新娘，接著兩人一同祭拜女方家的祖先，並向女方父母叩別。

6 POINT 拜別父母

祭祖儀式結束後，由媒人或一位有福氣的長輩，拿竹篩或黑傘遮擋新娘頭頂，表避邪之意，將新娘送入禮車。

7 POINT 準備出發

女方將根部掛上豬肉及紅包的青竹及甘蔗交給男方接嫁人員，用以繫於禮車車頂，禮車後方則蓋上一個八卦竹篩，以驅除沿途的不祥之物。

8 POINT 事先告知

當迎親車隊緩緩離開時，女方家長將一瓢水潑出，提醒新人對婚姻不要有所後悔或回頭之意，而新娘則要將一把用紅紙紮起的扇子丟出車窗外，表示留「善」給娘家，同時也有著與娘家「感情不散」之意。

9
POINT

鳴砲示意

禮車抵達男方家門前，同樣要鳴放鞭炮告知男方親友，而男方家也會以
鞭炮聲回應，表示歡迎。

10
POINT

迎接新人

由一位拿著橘子（表示吉利之意）的男方晚輩為新娘打開車門，新娘並
給以紅包表示謝意。新娘在下車時，同樣要由媒人或是一位有福氣的長
輩，拿竹篩或黑傘遮擋新娘的頭頂，直到進入屋內。

11
POINT

過火破煞

新人進門後，先進行踩瓦片或是過火爐的儀式，有著驅邪迎新的涵義。

12
POINT

拜堂成親

在進行完一拜天地、二拜高堂、夫妻交拜等禮俗之後，新郎新娘就可進
入洞房。

69

13 喝交杯酒
POINT

由新郎為新娘揭開頭紗，並且喝下交杯酒、甜湯，象徵兩人從此永結同心、甜甜蜜蜜。之後新娘可在新房內稍做休息，而新郎則到客廳招待賓客，為接下來的婚宴做準備。

14 舉行婚宴
POINT

婚宴在舉行過觀禮儀式後正式開席。席間，新人會逐一向賓客們敬酒，並且接受大家的祝福。

15 新人送客
POINT

喜宴結束時，新郎新娘會在門口以香煙、喜糖送客，感謝賓客的光臨。

16 鬧洞房
POINT

與新人們熟識的親朋好友，會前往新房「鬧洞房」，以增添新婚的喜氣。至此，迎親儀式終於圓滿結束。

迎親應注意的事項

男方

1. 隨時注意時間的掌控

婚禮中的儀式都會在吉時進行，因此準時非常重要。此外，喜宴最好能準時開始，讓賓客挨餓枯等可是一件很不禮貌的事喔！

2. 備妥所需用品

事前先將所需物品列張清單，才不至於在慌亂之中落東落西，可別讓婚禮當天，連結婚戒指都忘了帶的糗事發生在你們身上。

3. 迎親車隊不可以倒車方式離開女方家

若女方家的進出口只有一個，新郎下車後，要先將車頭調向出口，且回程的路線最好和來時不同，因為在某些習俗中忌諱走回頭路。

女方

1. 貴重物品交由專人保管

結婚當天，新娘不免會配戴許多貴重的首飾或物品，最好請伴娘或是身旁的人幫忙留意及保管，免得在繁複的儀式或換裝時弄丟了。

2. 讓自己保持最佳狀態

要在結婚當天做個最美麗的新娘，之前別忘了積極保養肌膚，再加上充足的睡眠和保持愉快輕鬆的心情喔！

3. 備妥私人所需用品

傳統習俗在婚禮當天，已過門的新娘是不可立刻回娘家的，因此千萬別忘了準備好幾套隨身的換洗衣物，以及一些平日所需用品。

不失禮儀的歸寧禮俗

　　「歸寧」就是新娘出嫁之後，第一次回家探望父母的一種禮俗，又有人稱之為「回門」、「頭轉客」、「返外家」等。根據不同的地方習俗，歸寧的時間也有所不同，通常為次日或是三天後，由娘家的弟妹來接新郎新娘一同回去，以表達不忘父母的養育之恩。

1　迎接新人返家

POINT

　　由於歸寧需當日返家，所以通常在歸寧日的上午，新娘的弟妹就會前來迎接新人們回到娘家住所。

2　互贈禮物

POINT

　　歸寧時，新人必須準備帶有吉祥之意的水果，例如蘋果（平安甜蜜）、椪柑（表示新娘會懷孕），以及酒等禮品送給女方家長。

3
POINT

女方回禮

女方家人同樣也應會回贈小兩口帶有吉祥之意的物品給新人帶回去。像是米糕、蜜餞、甘蔗……等（代表新人會甜蜜蜜、透頭透尾）。

4
POINT

舉行歸寧宴

祭拜過祖先之後，新人與女方直系親屬共同聚餐，也稱「歸寧宴」。不過現代的習俗有所更改，像是有些人於訂婚日宴客之後，歸寧時就不再另行宴客，或是並未舉行訂婚宴，等到歸寧之日再邀請女方親屬參加宴客。

5
POINT

回返家中

由於以前的傳統習俗認為新婚未滿四個月不宜在外過夜，所以在歸寧宴結束後，新郎新娘就必須在日落前回返男方家。

歸寧應注意的事項

❈ 男方

☑ 新郎準備的禮品應為偶數

歸寧時一般準備的禮品為橘子（象徵大吉大利）、蘋果（象徵甜甜蜜蜜）、椪餅或椪柑（象徵新娘肚皮會漲大懷孕）等具有各種吉祥好運的東西，而且禮品的種類要為偶數。

☑ 歸寧當天不能在娘家過夜

由於傳統習俗相信，剛結婚的新人回娘家作客要在太陽下山之前回來，這樣才會生男孩，因此有歸寧當天不能在娘家過夜一說。

❈ 女方

☑ 由新娘弟妹迎接新人回家

由於歸寧之日，新人必須在日落前離開娘家，因此新娘的弟妹通常都會一早去接新人，以把握相聚的時間。

☑ 準備具有吉祥涵義的回禮

在收到新郎準備的拜訪禮品後，女方家當然也要回贈才不失禮數。一般女方會準備的回禮物品為：兩枝有根葉的甘蔗（祝福新人甜甜蜜蜜、有頭有尾）、米糕（希望兩人如膠似漆）等…

趨吉避凶的婚嫁禁忌

　　對於傳統的習俗，一般人都保持著寧可信其有的心態，尤其是老一輩的長者，也許不一定有所根據，但其實只要不過於迷信，儘量避開這些讓人不愉快的事，減少爭執與衝突，自然就會讓婚禮更加順利美滿。

☒ 婚嫁忌生肖屬虎的觀禮，免得因此導致夫婦不和睦或不孕。

☒ 剛結婚的新人在新婚四個月內，最好不要參加其他人的婚喪喜慶，以免犯沖。

☒ 懷孕婦女避免參加婚禮、喜宴或是新婚未滿四個月的新房內，以免對雙方造成不好的影響。

☒ 新婚或是準新娘最好不要去探望生產完未滿四個月的婦女，以免對雙方造成不好的影響。

☒ 婚禮當日，新娘出門或舉行儀式禮俗時，姑嫂避免在場觀禮，因為與「孤、掃」同音，一般人認為不吉利。

☒ 儘量避免新娘或是禮車相遇，俗稱「喜沖喜」，但如果真的遇到了，媒人可在事先準備花作為交換，據說這種換花的禮俗能夠化解厄運。

超省錢
浪漫婚禮

Chapter 3
結婚進行曲

I DO...

有了初步的預算和計畫之後，

接下來就是一連串比價和談判的過程了，

有好的協商溝通技巧

不但能精準的控制預算，

還能為倆人爭取到許多福利，

讓整個婚禮更加符合你們的希望。

超省錢 浪漫婚禮

選擇婚紗公司密技大公開

　　拍婚紗照，是很多女人一輩子的夢想，無論如何這個美麗的回憶是一定要留下點驚嘆號的。因此，儘管很多過來人經常在耳邊諄諄教誨說：「那些照片只會看這一次，之後就壓箱底了。」但沒有經歷過的人，都還是希望一生能美麗這麼一回，尤其是女人。然而動輒數萬元的婚紗照不僅價格不斐，萬一拍壞了不僅錢花得不值，更是掃興之至！

　　因此，如何挑選一家能為你量身打造的美麗婚紗照，又能幫你的荷包把關的婚紗公司顯得格外重要。以下的選擇關鍵，在你走進婚紗店以前，一定得先瞧一瞧、比一比唷！

參考親朋好友的經驗值：在這之前，要先了解自己想要的婚紗和婚禮是什麼樣子的，然後再參考有拍過婚紗經驗的親朋好友，詢問他們對承接自己婚紗服務的公司是否滿意，哪些服務是你無法接受的，從中篩選出口碑、信用、品質都不錯的婚紗公司進行比較。

親身體驗每一家的服務方式與產品：婚紗公司提供的服務，對消費者來說最重要的就是婚紗禮服和攝影作品，另外還有一項不可忽略的是服務人員的態度和專業度，因為婚紗服務的過程繁複且不只一次。可以經由和服務人員的直接接觸，觀察他們所做的服務是否符合你的需求，並且可以完成你的夢想。

要貨比三家：如果你還沒選定你要的婚紗公司，希望藉由親身體驗之後才決定時，務必要謹守「貨比三家不吃虧」的原則。不過，婚紗業的競爭非常激烈，一些婚紗

公司往往會對完全沒經驗的新人展開軟硬兼施攻略，試圖一次就讓你掏出錢來下訂，常常讓新人招架不住，也喪失了第二家、第三家比較的機會。因此，如果不想事後才來後悔，建議在坐下來詳談時最好先跟業者表明：「我今天可能沒辦法做最後決定，所以我不希望有壓力，也不要強迫我做決定。」如果對方態度不佳，此時就應該走人，換一家可以認同與接受你想法的業者。

要有自己的主見：要先有自己的想法，告訴業者你希望的感覺、你想受到哪些服務，婚紗公司能提供的有哪些…等等，才不會讓業者牽著鼻子走或左右你的決定。如果你表現出有自己的想法並堅持立場時，基本上業者較不會強迫或硬要你做某些決定的事情。

選擇商譽佳的業者：一般來說，口碑好、形象佳、品質穩定的婚紗公司通常都有一定的水準，但相對的價格也會比較高；如果你沒有價格上的考量，可以考慮這些較知名的婚紗公司。而親朋好友的經驗值，以及形象較好的婚紗雜誌或網路意見，也可以成為你的參考準則。另外，也要多留意婚紗公司的經營情況，如果經常改名或剛成立不久就急著要你決定或下訂時就要小心了，如果不想下訂之後後悔，逛婚紗店時身上最好不要帶超過一千元現金，信用卡更是千萬不要拿出來。

謹防惡性倒閉的業者：每年都有新人繳了錢、付了訂金，卻遇到經營不善或惡性倒閉的業者，讓新人急如熱鍋上螞蟻的案例出現。因此慎選知名度較高、顧客量穩定的業者還是較有保障，一些沒有知名度或規模很小的婚紗公司不在乎名聲受損，相對的風險也較高，除了記住不要一次付清現款外，也要在每次的服務時多加觀察，一有問題就要提高警覺，才不會花錢又得不償失。

價格真的能決定品質嗎？

　　雖然消費買東西，「一分錢一分貨」仍是不變的道理，但花大錢卻不一定能買到令人滿意的東西；而價格合理的產品也未必都很差的例子也不在少數。因此，能不能找到令你真正滿意的婚紗產品才是重點，但要價格符合你需求、產品又好的話，有幾項原則是你在挑選婚紗公司時不能不知道的項目。

1.**是否在價格上做文章：**價格雖然是影響產品品質的關鍵之一，但並非絕對。一般而言，同樣的產品（以婚紗照組數來說）高價和低價大致價差在1萬元至3萬元之間，差異不算太大，但整體品質有時卻相差甚遠。挑選公司時也要注意，這家公司是不是故意用很高的價格，然後以很低的折扣銷售給你；或者在包套的內容上，以「便宜又大碗」的方式吸引你，實際上這些東西對你來說一點也不實際。這些都是業者大打價格折扣戰的一種伎倆，消費者不要輕易被騙。

82

2. **能提供多少的專業服務人員：**品質優良的婚紗公司從接待到婚顧、禮服挑選、造型師、攝影師等，都有不同的專人為你服務；但有些婚紗公司卻只提供一人或兩人的服務人員，他可能同時是接待人員、禮服造型師、攝影師、挑片師等多重身份，這樣從頭包辦到底的服務模式，品質當然大打折扣。

3. **所安排的服務流程是否完善：**詢問並確認每一項服務流程是否都圓滿完善，好的婚紗公司在工作人員的配置上會較為完善，服務程序也較多，力求每一項服務流程做到確實無誤，以確保消費者對產品的滿意度。

4. **工作人員的服務品質與態度：**協助新人找到可以讓他們一輩子難忘的回憶很重要，好的服務人員會不厭其煩告訴新人你適合什麼，而不是一再給他們同樣的東西；且良好的婚紗公司在面對顧客的問題或抱怨時，也一定要確保每個流程階段都負起解決的責任，而不是把顧客丟在一邊，只顧賺錢而已。

5. **清楚詳細的合約：**為了避免消費過程中或消費結束後雙方有認知上的差異，因此在下訂或付款時，婚紗公司會給消費者一份合約書，言明各種細項。有些公司只會開一張簡單的估價單，上面只寫上付款時間與金額，甚至連公司名稱也沒有，一旦發生糾紛很難得到合理解決。因此，在消費時也要注意，合約書上是否有註明公司名稱、電話、地址、服務人員名字等資料，以確保你在消費時應有的權益，也比較可以保障這是個肯負責任的公司。

婚紗產品的配套服務有哪些？

除非你是自己去租借婚紗禮服、找造型師，然後請熟識的攝影師幫忙拍婚紗照，不然幾乎所有的新人都是在婚紗公司以「包套」的方式解決有關婚紗禮服的相關產品，一來省事、二來價格較划算（一項一項分開來算，價格會更高）。但你知道所謂的包套「包」括哪些嗎？是不是包得越多越划算呢？

♥ 包套是新人最方便的整體服務

以包套而言，台灣算是亞洲最便宜的整體產品，鄰近國家像是日本、韓國、新加坡等國，價格都比台灣高出許多，甚至幾倍。包套對新人而言是一種相當方便的整體服務，能為新人一次提供很多項不同的專業需求，在很多國家婚紗禮服都是需要買斷的，而且每一項服務都要再另外找專業人員、另外付費，連攝影師、造型師也都得自己找，加總起來的費用往往很驚人。台灣這種包套服務，其實對新人來說便利性相當高、也非常划算。在婚紗公司常常看到有外國人士特地從海外飛回來台灣拍婚紗照，可見台灣婚紗業在價格與品質上有其吸引人的優勢。

婚紗包套著重在攝影以及禮服還有服務態度，其中最主要的三個大項包括：拍照時的婚紗禮服、婚紗照片、訂婚結婚時所穿的婚紗。比較細項的東西則有：謝卡、邀請函、相框、放大照片、簽名綢、大小囍字等，但這些算是小件的文具用品，新人不必因為這些小東西而左右了你選擇婚紗公司的決定，以免因小失大。

♥ 一次購買高價的包套較好，
還是保留預算在加挑張數上，哪個划算？

　　每對新人的需求不一，有些人很愛拍照、有些人只想拍幾張留些紀念。但是仍然有很多新人原本設定好的組數，在挑選時發現想多挑幾組，但多挑的價格加起來往往比當初買多套組的昂貴，覺得划不來；也有新人本來買了組數較多的套組，拍出來發現不是那麼滿意，卻得勉強挑出足夠的照片。為了避免發生以上兩種遺憾的情況，新人對於要買組數多的套組還是少的套組，最好事先有所規劃。

如果新人很愛拍照

　　對婚紗照有強烈期待的，建議可以一開始就購買多套組的，或者先預算如果多挑20張、30張，折扣的範圍在哪裡？這樣的價格是不是能接受？倘若你已經很確實知道自己要多少張，設定之後就不太會增加的，就可以直接購買你要的組數，也可以確實掌握婚紗照的預算。

婚紗包套一般包含的項目

1. 主本、娘家本、掌中本1～2本
2. 謝卡：一個造型一組 (100P)
3. 親友卡、書卡 (視婚紗公司而定，不一定都有提供)
4. 相片喜帖 (視婚紗公司而定，不一定都有提供，張數亦然)
5. 30吋放大框至少一個
6. 相片簽名綢或禮賓冊數本 (視婚紗公司而定，不一定都有提供)
7. 10吋桌框至少2個
8. 婚紗MV、成長MV (視婚紗店而定，不一定都有提供)
9. 訂婚結婚至少含一次妝 (視婚紗公司而定，有些需自費)
10. 提供至少一套的新郎禮服西裝 (視包套價格而定，或有兩套以上)

💗 談定包套產品時的注意事項

當然，婚紗公司不可能所有條件都答應你，得視你的包套金額、婚紗公司的屬性、婚紗公司知名與否而有所變化。但記得新人不要被當凱子耍，但也不能要求的太過份，業者開店當然都是為了獲利，如果都被你凹光了，難保品質不會下降；而且如果業者什麼都答應你才更加要小心，不是在產品上偷工減料，就是公司有問題，以為是佔到便宜，說不定會吃大虧呢！為了避免這種風險，條件未談妥前千萬不要輕易下訂。因此，雙方談定的條件一定要問清楚，而且所有項目都要白紙黑字寫上去，只要婚紗公司答應的都要看著他寫上去才算數，只是口頭承諾一點也不管用唷！

💗 挑選婚紗前，新人應該要做的功課有哪些？

如果你不想拍出來的婚紗照和別人大同小異，除了要有自己想法、跟攝影師多溝通外，可以留意每家婚紗公司的攝影風格，觀察每個作品的拍攝地點、動作表情是不是都一成不變、缺乏創意。

想拍出有自我風格的照片，婚紗公司通常會請新人多蒐集他們希望呈現出來的圖片感覺，以確定雙方的可愛、浪漫、優雅、時尚…等定義是不是相吻合，再把這些圖片與意見和造型師做溝通，之後再選擇拍照地點。

首先，成為新娘、新郎之前，以下這些功課你得先做：

1. **先了解自己的喜好與需求**：每個人的身材與特色都不一樣，穿在這個人身上好看的禮服，不一定穿在你身上就有同樣的效果，反之亦然；但每個人都能針對自己的體型與特色，挑選出最適合也最出色的禮服。所以，首先應該先針對自己的喜好與需求，再與婚紗公司做溝通，會有事半功倍的效果。

2. **多找一些婚紗相關資訊**：希望婚紗照拍得完美、結婚當天成為與眾不同的新娘，最好隨時掌握最新的流行趨勢，才不會成為眾多婚禮中被淹沒的其中一個，失去了自己的特色。掌握這些訊息，對你在挑婚紗時會有很大的幫助。

3. **先打聽各家婚紗公司的價格與包套服務**：先抓出自己的預算與上限，預算較高一般為6-8萬元起跳，大多在中山北路婚紗店一帶；價格較低的3-5萬元多分布在愛國東路一帶。當然如果你的預算無上限，動輒10幾萬元的婚紗照也有。

4. **先觀察哪家拍照的風格是你喜歡的**：然後你可以要求接待人員帶你看看這些婚紗，不一定要選擇這些，但起碼知道他們確實有這些禮服，照片是出自他們（有些業者是以買相片的方式，並非出自自家公司所拍攝）。

5. **先討論婚紗的預算**：有些新人在踏進婚紗店之前都沒有先想好預算，以致接待人員在介紹高價產品時無力招架；有些男性因為礙於面子不好意思拒絕而答應，女方也認為男方願意花這樣的預算，事後再來爭吵的大有人在。

6.僅早規劃、預留充裕時間：以往籌備婚禮（包括拍婚紗）的時間大約六個月就足夠了，但若希望有個完美又不用像趕行程似的籌備婚禮，最好提前8個月至一年的時間。很多經驗者都發現，好的婚宴場所越來越難訂，往往半年前就被訂走；另外，幾乎所有拍婚紗的新人都要求拍外景，而外景最穩定的天氣是在春夏之間，即使這些季節也常常出狀況，遇到壞天氣而延期的機率非常高；此時如果有充裕的時間準備，就可以避免掉這些時間的壓力，讓婚紗照可以在最好的狀態下進行。

可要求婚紗公司答應的條件

禮服全區開放：挑選VIP禮服及全新禮服不加價

拍照不滿意免費重拍：是否滿意由新人認定

外拍提供公司車（一般由新人自備）及免費當日午餐

外拍及禮服挑選時准許側拍

拍照幾套禮服就須有幾個造型，新郎也一起更換

訂婚、結婚當天禮服出狀況則所有包套金額全數退還

指定攝影師、造型師不加價

先協議好加挑的金額與張數折扣（加挑1張多少錢、達到多少張數時的折扣）

與婚紗公司較常發生的糾紛

即使再怎麼小心翼翼、仔細比較，你還是有可能遇到不愉快的購物經驗，選擇婚紗產品也是一樣。但這種一輩子可能只有這麼一次的美好經驗，任何人都不想被搞砸！所以，先了解一下一般人會碰到的婚紗糾紛有哪些，或許能提供你在選擇時的有利參考。

♥ 婚紗公司常碰到的問題

1. 新人本身無法拿定自己要的是什麼，在每一次的討論和溝通時很難定案，造成最後雙方認知不同而產生爭議。一般來說，拍婚紗有時間上的壓力，有些新人拍婚紗時距離婚禮只有很短的時間，無法每個流程慢慢去磨，要在這麼短的時間內做出決定確實很難，因此會造成與婚紗業者許多不愉快的爭議。

2. 新郎與新娘雙方意見不同而產生的爭執，例如女方想這樣做，婚紗公司順應了她的意見，事後卻發現男方並不想這樣而向婚紗公司反應；然而婚紗公司卻認為已經盡到了該負的責任，因此不予受理而產生的種種不快等。

3. 重拍婚紗的認知不同是很容易發生的狀況。原本新人承諾攝影風格讓攝影師自由發揮，但拍出來卻說：「這不是我要的！」這就是業者與消費者之間的溝通不良。如果合約上沒有言明清楚，就會造成雙方的不愉快與糾紛。一些較具口碑的婚紗公司會在了解情況後，如果是業者的問題就會負起重拍的責任；如果是顧客本身的因素，婚紗公司也會再次提供婚紗禮服拍攝，但必須請新人負擔彩妝費用。但通常一些規模較小的業者，很少會讓新人重拍，除非事前有很清楚的協議。

💜 新人較常碰到的爭議

1. 婚紗公司承諾的事項沒有做到、產品縮水。原本答應新人的事項，等到服務做到一半或結束時才以公司不允許為藉口，讓已經付完款的新人啞巴吃黃蓮，但因為只有口頭承諾，新人只能自認倒楣。

2. 合約沒有詳細說明、只有口頭允諾，婚紗公司不認帳，如前所述。

3. 對婚紗照不滿意而要求重拍遭婚紗業者拒絕。多數婚紗業者當你提出「不滿意是否可重拍」時，都會信誓旦旦保證絕對沒問題，但安排一次婚紗攝影的過程既繁瑣、成本也不低，站在業者的角度當然希望一次就搞定。因此若出現消費者不滿意想重拍的情況，業者會極盡所能說服，新人最後通常只能照單全收，卻難免留下不完美的陰影。

💜 身材不優的禮服選擇重點

　　婚紗照在整個婚禮、甚至整個婚事籌備過程中，其實扮演著舉足輕重的地位，很多新娘看得比婚禮當天還慎重！對於自己這「一生一次」一定要美麗的重要時刻都十分在意，也都希望有最好的呈現；但是幾乎所有的禮服都是以表現美好曲線為主，說穿了就是「瘦一點」比較好看。因此一旦決定了要拍婚紗時，所有女人一定是戰戰兢兢、一點都不敢馬虎。如果擔心自己的身材與皮膚等不夠好，希望在拍照時能更完美呈現時，新人就要開始執行美膚塑身大計劃了！除此之外，也要多練習面部表情與姿勢，新人可以在家對著鏡子擺出各種自己認為最好看、最自然的樣子，才不會到時候拍出來表情呆滯、動作僵硬。

💜 新娘禮服的選擇重點

對於拍照之前還有充分時間的新娘，也許搶救身材與肌膚保養都仍猶有餘力；但如果已經迫在眉睫了，婚紗公司也都有針對不同體型與身材的禮服，提供給各種環肥燕瘦的新娘穿著。只是在選擇上妳可以更聰明一些，利用能顯露妳優點、修飾掉缺點的婚紗來增添美感，妳也可以當個美麗又性感的新嫁娘。以下就是針對不同體型在挑選婚紗時的小技巧：

平胸骨感型：體型較纖細的新娘，由於胸前鎖骨較明顯，適合穿高領的款式，可以將胸前至頸部的部份包覆起來，看起來會較為豐滿；也可以利用禮服的材質來修飾，例如紗質禮服。或者多考慮有繁複的繡花及蕾絲材質，來增加禮服的豐富感。

圓潤貴妃型：身材較胖的新娘，不管胸部豐不豐滿都可以用馬甲來修飾，馬甲式禮服對於新娘最在意的胸部、腰部都有加分作用；不僅有纖腰的效果，即使胸前不夠偉大的人也可以襯托出豐滿的視覺。另外，U型背心領及低胸的細肩帶禮服也有修飾臉型的效果。

下半身圓潤型：較不適合穿下襬很貼身的魚尾禮服，以免肥胖的曲線畢露，最好挑選從腰部以下蓬鬆的款式，這樣可以恰如其分地把肥胖的部位遮起來，突顯上半身的姣好身材；或者選擇A字硬緞材質的長禮服，來強調腰線及延伸下半身的線條。

挑選新娘秘書的訣竅

新娘秘書和彩妝師是兩種完全不同的技術，新娘秘書不僅要會彩妝也必須會髮型，所以要有一定的經驗值，才有辦法完美地呈現出整體妝容。為了因應婚禮當天換裝的時間急迫性，而且新娘秘書往往和新人是第一次合作，一般大多只會做些將頭髮盤起再放下的制式髮型變化，所以如果新娘對拍攝婚紗時的妝髮造型師很滿意的話，或許可以沿用原班人馬為妳服務，畢竟他們曾經幫妳做過造型，對你的需求最為了解。

♥ 新郎造型的調整重點

在拍攝婚紗照時，男性往往淪為配角，所以在造型的打點上常被忽略，這對也想呈現最帥氣與美好記憶的新郎而言有點不公平。雖然新郎本身可以變化的造型比新娘少，但還是可以透過各種配件或作稍微的修飾，來呈現屬於他自己的感覺與個性，例如：眼鏡、袖扣、領結、腰風等，或者從髮型上去做變化，都有畫龍點睛的效果。

矮胖地虎型：身材比例不佳的人，禮服的腰風是很好的修飾配件，藉由腰風的使用，即使腰部較「有圍」的人，還是可以看起來更挺立。

膚色過白或過黑：通常男方的膚色會比新娘暗一些，或是遇到新郎比新娘還要白的情況，可利用 粉底或簡單的化妝技巧，讓兩人的膚色差異不至於太大。

過於粉嫩或年輕：如果新郎看起來有比新娘年輕之虞，或者可以蓄鬍子來加強成熟感，或者在髮型上做變化，可避免新郎的造型從同到尾只有一種的呆板情況。

如何選擇造型彩妝師？

要確定你挑選的婚紗公司是否在造型上有經驗；要幫你做造型的彩妝師的技術是否能完美呈現你的妝容。如果不確定，建議可以先行試妝，然後再針對妝容不滿意的地方與造型師進行溝通並改善。挑選重點可以從以下幾點作考量：

1.造型年資：年資往往是決定成品好壞的重要關鍵，年資較長的造型師，自然熟練度與精準度也較高。

2.作品表現：可以從他的作品去觀察，看是否能夠令你滿意。

3.具變化性：不要挑選只做固定幾種造型的彩妝師，而是擅長做各種不同變化造型的，才不會讓你的妝容像樣版臉譜一樣缺乏新意。

外拍景點的選擇

當一切都準備就緒後，接下來當然就屬重頭戲「拍照」囉！就如婚紗公司所說的，新人裡面有99.9％都想拍外景，所以外景的地點就成為新人們最在意的項目之一。一般來說，除非你自費包下彩妝師隨身跟拍，否則新人因為需要回婚紗公司換裝（妝）的關係，景點最好不要選擇太遠，大都以所在區域不超過一小時車程的地方為最佳選擇。因此，每個地區都有新人青睞的特色與喜好，例如北部的陽明山、淡水；東部的花蓮、台東；中部的東海大學、自然科學博物館；南部的墾丁、中山大學…等。

以北部景點來說，以陽明山、淡水、沙崙、金山一帶最受新人歡迎，但也由於太多人拍過，很容易流於平淡無奇，建議可以換一些不同的小景點，只要場景與畫面好看，拍出來的效果也可以很棒。或者若有較多的預算與時間的話，可以嘗試到較遠的地方取景，像是東部的花蓮、南部的墾丁；喜歡時尚感覺的人，可以找一間自己常去或喜歡的CLUB取景，或者到你決定宴客的飯店或餐廳、兩人共同回憶或值得紀念的地方等，都會比已經被拍到膩的景點來得更加有意義。

🩶 網路推薦的北部受歡迎景點

自來水博物館、陽明山、大屯花園農場、教堂／陽明山花卉實驗中心、陽明山溫泉荷花池、竹子湖、士林官邸、青青農場、金山、翡翠灣、三芝、炮台公園、淡水海邊、北新莊花園、沙崙、淡水綠地公園……等；往南一點可到桃園富田農場、新竹縣尖石鄉薰衣草森林、清大校區、新竹科學園區人工湖、新竹火車站、玻璃藝術博物館、苗栗三義鄉、西湖度假村……等。

選擇婚顧公司的重點關鍵

　　所謂的婚禮顧問公司，其實定義很模糊，承辦的婚禮事項也不盡相同。坊間有婚紗公司附屬的婚顧，包括婚禮諮詢、現場協助、流程安排、佈置等，視顧客的需要而去勾選項目；也有婚紗公司和飯店業者做結合的配套，以及餐廳或飯店附屬的婚禮企劃，大致包括婚禮進行的掌控、場地佈置、司儀提供等，多數的婚禮顧問公司，都是著重在婚禮當天的活動企畫上。現在，卻有些婚顧公司標榜從你決定結婚的那一天起，就可以幫你量身訂作你要的服務，直到婚禮結束那一天，包括新人的婚事籌備管理、預算規劃、婚俗諮詢、流程安排等，甚至喜餅等各種精品的挑選製訂都可以包辦到好，可謂一套完整的婚禮企劃與執行。

♥ 交給婚顧搞定一切

　　結婚是一件令人開心卻又讓人頭痛的大事，很多人在處理婚姻大事時，常因為太多煩人的瑣事，弄得不僅小倆口爭吵不斷，就連要結為親家的兩家人也爭得面紅

耳赤！霎時原本美麗的畫面瞬間幻滅，喜悅的婚禮也成為難忘的「夢魘婚禮」。

如果你擔心這樣的場景發生在自己身上，你又是個超級忙碌、怕麻煩，而且有一些預算的話，就可以考慮將這些繁瑣的事情交由經驗豐富的婚禮顧問公司為你打理一切。

當然！面對結婚這種大事，再怎麼置身事外，一般人還是希望有些參與感以便留給雙方當成日後共同的甜蜜回憶，像是婚紗照的拍攝、鑽石金飾的挑選，新人大都希望能自己來。但是接下來的婚禮佈置、MV攝影、喜帖的印製、宴客地點的選擇…等，甚至是喜糖、喜帖、送客禮這些很小卻也不能馬虎的事情，只要是與婚禮相關，就可以交由婚顧公司籌備，依照你所需要被服務的項目來決定價格。

很多有過結婚經驗的人都知道，每一項細節都自己去找的話，除了價格加總起來很嚇人，時間成本更是難以計數。如果有一家婚顧公司像餐廳點餐一樣，可以選擇單點（單項）或套餐（包套），提供你所要的需求，對新人來說確實是一項令人心動的方式。如果你選擇的是從頭到尾都需要婚顧幫你籌備的方案，最好在六個月前先找好，雙方都有較多的時間進行溝通、設計與籌備，讓你的婚禮能更臻完美。

💙 挑選婚顧的重點

1.先清楚自己的需求：如果只是要一場簡單的婚禮，沒有繁文縟節的婚禮習俗，婚事完全可由小倆口自行決定，只希望婚禮當天可以美美出場、現場氣氛很好，或許花點錢找婚顧是一項正確的選擇。

2.預算有多少：一般來說，婚顧的基本價位從5萬元起跳，總金額則要視你所要求的項目而定。但在前往婚顧公司詢價時最好先要有一定的認知，才不至於讓對方簽著鼻子走。

3.觀察婚顧公司的規模：要確定為你服務的團隊有多少人？有多少東西是外發？有些婚顧公司是一兩個人組成的工作室，所承接的婚禮相關事務大都是外發給其他協力廠商，產品的獨特性與品質控管都是問題。

4.別被華麗不實的樣品所騙：有些新人到婚顧公司溝通時，被服務人員拿給他看的成品照片或DEMO帶所誤導，以為他的婚禮也會跟樣品裡的一樣。事實上，大部份給顧客看的Sample都是較高成本、甚至超出你的預算數倍打造出來的，新人一定要問清楚：「這是花多少錢辦的？」以免心裡的落差過大，到時候懊惱又失望。

💙 選擇婚顧的優點有哪些？

　　婚禮中會碰到的狀況往往超乎你的想像！就因為經驗不足（或根本沒經驗），婚禮中經常鬧出不少笑話，甚至弄得廠面難以收拾；如果交給擅長處理這種瑣事經驗豐富的婚顧公司，或許這些尷尬場面就能夠避免。哪些狀況是一般常會碰到的，交由婚顧打理的優點為何？請看以下分析：

1. **解決時間與體力問題**：結婚有多累人，相信參與過的人都知道。對於忙碌的現代人而言，時間、體力甚至比金錢還重要。因此，省事不累人、每個細節都能打點妥當，是最起碼的要求。

2. **彌補經驗的不足**：多數人都是第一次結婚，即使婚禮前掌握到很多可能發生的瑣事，但等到真正發生的那一天，還是會有諸多狀況是你事前想都沒想到的。例如，新人進場行進間燈光的控制，宴客氣氛熱鬧與溫馨的掌控，捧花該怎麼丟、何時該丟…等，這些細節婚顧在企畫時都會設想進去，藉由他們豐富的經驗和默契，可以立即將場面控制得宜。

3. **能做全盤的安排與掌控**：在婚禮規劃時，或許新人對很多小事情可以應付或做適度的掌握，但婚禮當天卻任何事情都得假手他人，此時如果有個團隊能幫忙做全盤的安排與掌控，新人只需好好地當主角就好。

4. **更能輕鬆享受結婚的喜悅**：在可掌握的時間內選擇婚顧公司籌備婚禮，經由婚顧的設計與流程安排，新人只需針對雙方所規劃出來的「婚禮進行流程」按表操課；婚顧人員會定時提醒你該做哪些事情，毋需擔心每一個階段會有遺漏或缺失，只需輕鬆等待結婚的喜悅。

選擇婚宴場地的重點關鍵

隨著婚宴的日子越來越近,所要張羅的事情也越來越多,其中最主要的重點首推婚宴場所了。雖然每個人考量的重點不同,但大致上還是有一定的遵循標準與原則,或許可以從以下三點去做考量:

1. 預設邀請的賓客人數

2. 每桌的預算

3. 餐廳或飯店的品質

依據以上三種需求去做評估與挑選,一般宴客場所的價位從一桌8000元～25000元不等。原則上,婚宴場所與菜色還是「一分錢一分貨」,但是若能花時間多比較幾家,多聽聽親朋好友或經驗者的意見,相信還是可以找到價格合理又能符合你需求的婚宴場所。

♥ 婚宴場地選擇的優缺點

飯店婚禮：通常飯店對於處理正式及大場合較有經驗，最適合要在短時間之內籌備婚禮的新人，而相關設備齊全也是確保婚禮進行順利的關鍵之一。但缺點就是場地受限，比如新娘想丟捧花，卻因為場地侷限而失去預期效果，令場面尷尬；而且一般人所謂的「好日子」也常常一位難求，還是得儘早預定，或者避開晚上的黃金時段而改在中午進行，也不失為一項聰明的選擇。

戶外婚禮：會選擇戶外婚禮的新人多半是衝著氣氛浪漫、不想拘泥於固定的空間與形式、希望打造不同於傳統的宴客場地…等因素，而且在流程的安排上也較有彈性，較適合觀念新潮的族群。但戶外婚宴場所除了多變的天氣難以掌控外，周邊場地條件（太偏僻、太遠、不好停車等）及環境音量（易引起附近騷動或噪音等）等因素也得考慮進去。因此，如果選擇戶外婚宴場所，一定要有棚架設計或其他足夠使用的室內場地作為預防雨天時的備案，否則不確定因素與心理壓力都會很大。

自助式婚禮：針對你宴客的人數，選擇一家你較為熟悉的餐廳包場，優點是用餐方式輕鬆、氣氛溫馨，賓客可以自由取用餐點，沒有圓桌喜宴式的拘謹與嚴肅；但缺點是取餐的動線及上菜速度的掌握，如果安排得不恰當，很容易給賓客招待不週的感受。

超省錢
浪漫婚禮

Chapter 4
永浴愛河

I DO

「王子與公主從此過著幸福快樂的日子。」這是童話故事中永垂不朽的一句經典名言，也是所有即將步入禮堂的新人們所追求的希望。當你們幸運地找到了彼此，決定手牽著手進入婚姻的殿堂前，請原諒這殘酷的提醒：現實世界不是用夢幻的城堡所堆砌而成的，即使是童話故事中令人羨慕的王子與公主，也是經過了許多考驗、克服了無數難關，才能夠永遠相愛相戀的。

相愛相戀不容易，相處相伴卻更難，要能夠修得這門學科，拿到永浴愛河的畢業證書，就必須學會互信、互諒、相互尊重等人生哲學。

✂ 準新娘先修班

終於決定要脫離單身生活，和真命天子共組家庭時，隨著婚期的接近，心情就像洗三溫暖一樣，從當初沉浸在戀愛之中的甜蜜、羞澀，到後來意識到自己的身分將有所不同，於是開始有些緊張、不安，再加上忙碌繁瑣的婚事，若是不懂得如何做好心態調適，一不小心，很可能就會得到準新娘的流行病－－婚前恐懼症。

認識婚前恐懼症

在即將步入禮堂前，從喜悅的心情，轉變為焦躁、憂鬱，甚至開始感到猶豫疑惑，就是婚前恐懼症的症狀。有些人在出現了負面的情緒之後，沒有適時地宣洩、處理，而是選擇一昧地壓抑隱藏，到了最後關頭，甚至選擇一走了之，做個落跑新娘，這將是多麼令人傷心的結局。

因此在結婚前除了婚禮的籌備工作之外，新人們的心理準備也是不可忽略的！

以下是幾個最常見的婚前恐懼症的發生原因，以及可供參考的處理方法，千萬不要讓婚前恐懼症破壞了你的幸福喔！

發生原因　　　　　害怕婚姻是愛情的墳墓

很多女生都會擔心，結婚之後另一半會變心，對自己越來越冷淡，而面對柴米油鹽醬醋茶的居家生活，也會讓自己失去魅力，變成名符其實的黃臉婆，與其這樣，不如永遠不要結婚，便可以永遠享受甜蜜的愛情。

解決建議

婚姻生活有時確實是平凡無奇的，當兩個人天天相處在一起，少了虛幻的想像空間，少了見不到面的思念，更少了令人期待的激情，但卻多了一份對彼此的承諾與負擔，多了一種更親密踏實的感覺。

不要對婚姻有不切實際的幻想，兩人在婚前應該認真討論婚後的生活計畫，不妨去上婚前教育課程，也可以讓你們更加明白如何在婚姻生活之中維繫感情的好方法。

發生原因　　　在籌備婚事時諸多意見紛歧

這算是最常造成婚前恐懼症的首要原因，因為在籌備婚禮時，女生往往會有很多想法跟意見，所以希望自己會是處於主導地位，但如果兩人的協調度不夠，就很容易產生摩擦，如果這種紛爭不斷，又無法妥善解決，最後就會讓雙方產生疏離、甚至是陌生感，因而懷疑自己是不是真的很了解對方，又或是對方是否適合自己。

解決建議

一起籌備婚禮真的是對雙方最好的默契考驗，如何理性成熟地處理其中繁雜的瑣事；當意見紛歧時，如何協調溝通取得一致的共識，兩人也可以藉著這個過程，更加了解與看清楚對方。

不要認為意見不同，就表示雙方的想法、個性不合，最重要的是學習如何去聆聽、認同彼此的想法，多點包容與尊重，即使兩人是完全不同的類型，也一樣能夠相處融洽、愉快的。

發生原因　　　　　擔心婆媳問題

結婚之後，如何扮演好媳婦的角色，絕對是多數準新娘擔心的事，尤其是平常在家習慣了接受父母的寵愛，可以自由自在過著自己喜歡的生活，如果婚後要和公婆一起居住，面對不同的生活模式，勢必會遇到許多需要適應及改變的地方，擔心自己失去自由，不能表達任何意見，照這樣的想法看起來，婚姻生活似乎還真是不那麼令人感到期待。

解決建議

與其一昧地自己胡亂瞎猜，在結婚之前，不妨多到男方家走走，深入了解對方的生活習慣，和對方的家人有所互動，與其抱著自己是個外人的心態，不如儘量學習讓自己融入這個家庭，真心把對方的父母也當成自己的父母一樣。如果經過多次的努力，實在覺得文化背景差異太大，一起相處確實會造成彼此的困擾，不妨坦承和另一半溝通，選擇搬到附近共組小家庭，這樣還是可以在不影響彼此的生活品質下，就近照顧父母。

準新郎先修班

　　婚前恐懼症不單是女人的專利，男人發生的機率同樣也很高，尤其在面對女人的敏感、善變時，男人似乎總是不知所措；而要一肩扛起日後龐大的經濟負擔，也實在讓人備感壓力。你做好讓你心愛的女人託付終生的準備了嗎？準新郎先修班，讓你預先洞悉婚後生活將可能面臨的狀況，為你們的婚姻打下堅定的基石。

♥ 婚姻認知＞＞
婚後生活將有所不同

　　單身漢的生活，總是可以隨心所欲安排自己閒暇之餘的時間，工作時全心全意，休閒時盡情玩樂，但結了婚之後，除了工作時的全力以赴之外，平時也絕不能忽略家庭生活，還要分擔家務，在做出重大決定的時候，都要和另一半商量。這些改變，在剛開始的時候，或許很難適應，讓人有種失去自由的感覺，但如果以正面

的想法去接受它，你將會發現，每天回家之後，有個人會陪著你一起共享晚餐，一起分享每天所發生的點點滴滴，在猶豫不決時，還有人能幫你出主意，讓你能用不同的角度去看事情，這就是婚姻所帶來的幸福。

💗 婚姻認知＞＞經濟負擔將加重

隨著寶寶的誕生，家裡的開銷自然跟著會增加，因此財產規劃是很重要的。現實的壓力，造就了許多貧窮夫妻百事哀的例子，建議新婚夫妻、甚至是即將步入婚姻的男女，應該及早做好理財計劃，尤其是需要奉養父母以及養兒育女的人，除了日常開銷之外，還要有固定的儲蓄，以支付突如其來的費用，儘量避免養成金錢借貸的習慣。

💗 婚姻認知＞＞將婚姻當作事業來經營

很多男人都會有個傳統的觀念，認為有了家庭後就要開始專心拼事業，家庭交由妻子去負責就好，因而忽略了維持家庭關係的重要性。其實婚姻是人生當中最大的一筆投資，因此要將它像我們在拼事業一樣用心去經營，多花一點時間陪伴家人，和家人維持良好的溝通方式，就能夠得到用金錢也無法衡量的感情回報。正所謂一個真正成功的人士，不光是在事業上有所表現，他在與家人的感情互動上，也得到滿分的成績。

超省錢
浪漫婚禮

✿ 結婚時一定要懂的事

婚姻相關常識與法律Q&A

Q：具有法律約束力的合法婚姻，有哪些構成要件？

A：每個國家對於合法的婚姻定義略有不同，不過大致上分為兩種：一種是儀式制，也就是只要完成其法定的婚禮儀式，就算是受到法律上所承認正式夫妻；而另一種則是登記制，需要到公家機關進行登記，才能真正成為夫妻。

而目前台灣的有效婚姻已從儀式制改為登記制，結婚當事人如果只是在法院、民間公證處辦理公證結婚，或是公開舉行婚禮宴客，都不算是有效的婚姻，必須前往戶政機關辦理結婚登記，婚姻才算有效。

Q：聽說最省時、省錢又省事的結婚方式，就是公證結婚，而符合公證結婚者的條件有哪些呢？

・男須滿十八歲，女須滿十六歲，但未滿二十歲之未成年人，須由法定代理人攜帶國民身分證及印章，一同前往辦理登記。

・不論戶籍或居住地在何處，想要請求公證結婚的人，只要依規定提供相關證件，均可向本院公證處提出公證結婚之請求。

・有護照及單身證明的外國人士或華僑也可申請公證結婚。

Q：申請公證結婚時，所需要準備的文件有哪些呢？

A：1.結婚雙方之國民身分證正本、影印本一份及印章。

2.二位年滿20歲證人的國民身分證（影印本）及印章。

3.結婚新人為現役軍人時，須攜帶主管核發之結婚報表正本及影印本各一份。

4.結婚新人為外籍人士或國外華僑時，需帶護照、居留證及單身證明文件等（單身證明文件必須是中文或英文，且該單身證明文件應經我國外交機關驗證。如由外國駐華領事館或授權機構出具者，應先經我國駐外館處驗證，再經我國外交部領事事務局複驗）。

5.結婚新人為大陸人士時，提出台灣地區旅行證或許可證正影本，以及海峽交流基金會驗證之大陸公證處所發的單身公證書。

6.結婚新人如未滿二十歲者，應得法定代理人之同意。登記時須一併攜帶法定代理人的國民身分證正本及影本（本處留存影本），以及印章。

7.如果需要結婚證書英文本，請一併提出結婚人的英文姓名（與護照相同，並提出護照影本）及英文地址。

113

大都會文化圖書目錄

●度小月系列

路邊攤賺大錢【搶錢篇】	280元	路邊攤賺大錢2【奇蹟篇】	280元
路邊攤賺大錢3【致富篇】	280元	路邊攤賺大錢4【飾品配件篇】	280元
路邊攤賺大錢5【清涼美食篇】	280元	路邊攤賺大錢6【異國美食篇】	280元
路邊攤賺大錢7【元氣早餐篇】	280元	路邊攤賺大錢8【養生進補篇】	280元
路邊攤賺大錢9【加盟篇】	280元	路邊攤賺大錢10【中部搶錢篇】	280元
路邊攤賺大錢11【賺翻篇】	280元	路邊攤賺大錢12【大排長龍篇】	280元

●DIY系列

路邊攤美食DIY	220元	嚴選台灣小吃DIY	220元
路邊攤超人氣小吃DIY	220元	路邊攤紅不讓美食DIY	220元
路邊攤流行冰品DIY	220元	路邊攤排隊美食DIY	220元

●流行瘋系列

跟著偶像FUN韓假	260元	女人百分百─男人心中的最愛	180元
哈利波特魔法學院	160元	韓式愛美大作戰	240元
下一個偶像就是你	180元	芙蓉美人泡澡術	220元
Men力四射─型男教戰手冊	250元	男體使用手冊─35歲以↑保健之道	250元
想分手?這樣做就對了!	180元		

●生活大師系列

遠離過敏─ 打造健康的居家環境	280元	這樣泡澡最健康─ 紓壓‧排毒‧瘦身三部曲	220元
兩岸用語快譯通	220元	台灣珍奇廟─發財開運祈福路	280元
魅力野溪溫泉大發見	260元	寵愛你的肌膚─從手工香皂開始	260元
舞動燭光─手工蠟燭的綺麗世界	280元	空間也需要好味道─ 打造天然香氛的68個妙招	260元
雞尾酒的微醺世界─ 調出你的私房Lounge Bar風情	250元	野外泡湯趣─ 魅力野溪溫泉大發見	260元
肌膚也需要放輕鬆─ 徜徉天然風的43項舒壓體驗	260元	辦公室也能做瑜珈─ 上班族的紓壓活力操	220元
別再說妳不懂車─ 男人不教的Know How	249元	一國兩字─兩岸用語快譯通	200元
宅典	288元	超省錢浪漫婚禮	250元

●寵物當家系列

Smart養狗寶典	380元	Smart養貓寶典	380元
貓咪玩具魔法DIY— 讓牠快樂起舞的55種方法	220元	愛犬造型魔法書— 讓你的寶貝漂亮一下	260元
漂亮寶貝在你家— 寵物流行精品DIY	220元	我的陽光‧我的寶貝— 寵物真情物語	220元
我家有隻麝香豬—養豬完全攻略	220元	SMART養狗寶典（平裝版）	250元
生肖星座招財狗	200元	SMART養貓寶典（平裝版）	250元
SMART養兔寶典	280元	熱帶魚寶典	350元
Good Dog—聰明飼主的愛犬訓練手冊	250元		

●人物誌系列

現代灰姑娘	199元	黛安娜傳	360元
船上的365天	360元	優雅與狂野—威廉王子	260元
走出城堡的王子	160元	殞逝的英格蘭玫瑰	260元
貝克漢與維多利亞— 新皇族的真實人生	280元	幸運的孩子— 布希王朝的真實故事	250元
瑪丹娜—流行天后的真實畫像	280元	紅塵歲月—三毛的生命戀歌	250元
風華再現—金庸傳	260元	俠骨柔情—古龍的今生今世	250元
她從海上來—張愛玲情愛傳奇	250元	從間諜到總統—普丁傳奇	250元
脫下斗篷的哈利— 丹尼爾‧雷德克里夫	220元	蛻變— 章子怡的成長紀實	260元
強尼戴普— 可以狂放叛逆，也可以柔情感性	280元	棋聖 吳清源	280元
華人十大富豪—他們背後的故事	250元		

●心靈特區系列

每一片刻都是重生	220元	給大腦洗個澡	220元
成功方與圓—改變一生的處世智慧	220元	轉個彎路更寬	199元
課本上學不到的33條人生經驗	149元	絕對管用的38條職場致勝法則	149元
從窮人進化到富人的29條處事智慧	149元	成長三部曲	299元
心態—成功的人就是和你不一樣	180元	當成功遇見你— 迎向陽光的信心與勇氣	180元

改變，做對的事	180元	智慧沙	199元 （原價300元）
課堂上學不到的100條人生經驗	199元 （原價300元）	不可不防的13種人	199元 （原價300元）
不可不知的職場叢林法則	199元 （原價300元）	打開心裡的門窗	200元
不可不慎的面子問題	199元 （原價300元）	交心—— 別讓誤會成為拓展人脈的絆腳石	199元
方圓道	199元	12天改變一生	199元 （原價280元）
氣度決定寬度	220元	轉念——扭轉逆境的智慧	220元
氣度決定寬度2	220元		

●SUCCESS系列

七大狂銷戰略	220元	打造一整年的好業績—— 店面經營的72堂課	200元
超級記憶術——改變一生的學習方式	199元	管理的鋼盔—— 商戰存活與突圍的25個必勝錦囊	200元
搞什麼行銷——152個商戰關鍵報告	220元	精明人聰明人明白人—— 態度決定你的成敗	200元
人脈=錢脈—— 改變一生的人際關係經營術	180元	週一清晨的領導課	160元
搶救貧窮大作戰の48條絕對法則	220元	搜驚・搜精・搜金 ——從 Google 的致富傳奇中，你學到了什麼？	199元
絕對中國製造的58個管理智慧	200元	客人在哪裡？—— 決定你業績倍增的關鍵細節	200元
殺出紅海—— 漂亮勝出的104個商戰奇謀	220元	商戰奇謀36計—— 現代企業生存寶典I	180元
商戰奇謀36計—— 現代企業生存寶典II	180元	商戰奇謀36計—— 現代企業生存寶典III	180元
幸福家庭的理財計畫	250元	巨賈定律—— 商戰奇謀36計	498元
有錢真好！輕鬆理財的10種態度	200元	創意決定優勢	180元
我在華爾街的日子	220元	贏在關係—— 勇闖職場的人際關係經營術	180元
買單！一次就搞定的談判技巧	199元 （原價300元）	你在說什麼？—— 39歲前一定要學會的66種溝通技巧	220元

與失敗有約 — 13張讓你遠離成功的入場券	220元	職場AQ—激化你的工作DNA	220元
智取—商場上一定要知道的55件事	220元	鏢局—現代企業的江湖式生存	220元
到中國開店正夯《餐飲休閒篇》	250元	勝出！—抓住富人的58個黃金錦囊	220元
搶賺人民幣的金雞母	250元	創造價值—讓自己升值的13個秘訣	220元

●都會健康館系列

秋養生—二十四節氣養生經	220元	春養生—二十四節氣養生經	220元
夏養生—二十四節氣養生經	220元	冬養生—二十四節氣養生經	220元
春夏秋冬養生套書	699元 （原價880元）	寒天—０卡路里的健康瘦身新主張	200元
地中海纖體美人湯飲	220元	居家急救百科	399元 （原價300元）
病由心生—365天的健康生活方式	220元	輕盈食尚—健康腸道的排毒食方	220元
樂活，慢活，愛生活— 健康原味生活501種方式	250元	24節氣養生食方	250元
24節氣養生藥方	250元	元氣生活—日の舒暢活力	180元
元氣生活—夜の平靜作息	180元		

●CHOICE系列

入侵鹿耳門	280元	蒲公英與我—聽我說說畫	220元
入侵鹿耳門（新版）	199元	舊時月色（上輯＋下輯）	各180元
清塘荷韻	280元	飲食男女	200元
梅朝榮品諸葛亮	280元		

●FORTH系列

印度流浪記—滌盡塵俗的心之旅	220元	胡同面孔— 古都北京的人文旅行地圖	280元
尋訪失落的香格里拉	240元	今天不飛—空姐的私旅圖	220元
紐西蘭奇異國	200元	從古都到香格里拉	399元
馬力歐帶你瘋台灣	250元	瑪杜莎艷遇鮮境	180元

●大旗藏史館

大清皇權遊戲	250元	大清后妃傳奇	250元
大清官宦沉浮	250元	大清才子命運	250元

開國大帝	220元	圖說歷史故事—先秦	250元
圖說歷史故事—秦漢魏晉南北朝	250元	圖說歷史故事—隋唐五代兩宋	250元
圖說歷史故事—元明清	250元	中華歷代戰神	220元
圖說歷史故事全集	880元 （原價1000元）	人類簡史—我們這三百萬年	280元

●大都會運動館

野外求生寶典— 活命的必要裝備與技能	260元	攀岩寶典— 安全攀登的入門技巧與實用裝備	260元
風浪板寶典— 駕馭的駕馭的入門指南與技術提升	260元	登山車寶典— 鐵馬騎士的駕馭技術與實用裝備	260元
馬術寶典—騎乘要訣與馬匹照護	350元		

●大都會休閒館

賭城大贏家—逢賭必勝祕訣大揭露	240元	旅遊達人— 行遍天下的109個Do & Don't	250元
萬國旗之旅—輕鬆成為世界通	240元		

●大都會手作館

樂活，從手作香皂開始	220元	Home Spa & Bath— 美女人肌膚的水嫩體驗	250元

●世界風華館

環球國家地理・歐洲（黃金典藏版）	250元	環球國家地理・亞洲・大洋洲 （黃金典藏版）	250元

●BEST系列

人脈=錢脈— 改變一生的人際關係經營術（典藏精裝版）	199元	超級記憶術— 改變一生的學習方式	220元

●FOCUS系列

中國誠信報告	250元	中國誠信的背後	250元
誠信—中國誠信報告	250元		

●禮物書系列

印象花園 梵谷	160元	印象花園 莫內	160元
印象花園 高更	160元	印象花園 竇加	160元
印象花園 雷諾瓦	160元	印象花園 大衛	160元
印象花園 畢卡索	160元	印象花園 達文西	160元

印象花園 米開朗基羅	160元	印象花園 拉斐爾	160元
印象花園 林布蘭特	160元	印象花園 米勒	160元
絮語說相思 情有獨鍾	200元		

●工商管理系列

二十一世紀新工作浪潮	200元	化危機為轉機	200元
美術工作者設計生涯轉轉彎	200元	攝影工作者快門生涯轉轉彎	200元
企劃工作者動腦生涯轉轉彎	220元	電腦工作者滑鼠生涯轉轉彎	200元
打開視窗說亮話	200元	文字工作者撰錢生活轉轉彎	220元
挑戰極限	320元		
30分鐘行動管理百科（九本盒裝套書）799元			
30分鐘教你自我腦內革命	110元	30分鐘教你樹立優質形象	110元
30分鐘教你錢多事少離家近	110元	30分鐘教你創造自我價值	110元
30分鐘教你Smart解決難題	110元	30分鐘教你如何激勵部屬	110元
30分鐘教你掌握優勢談判	110元	30分鐘教你如何快速致富	110元
30分鐘教你提昇溝通技巧	110元		

●精緻生活系列

女人窺心事	120元	另類費洛蒙	180元
花落	180元		

●CITY MALL系列

別懷疑！我就是馬克大夫	200元	愛情詭話	170元
唉呀！真尷尬	200元	就是要賴在演藝圈	180元

●親子教養系列

孩童完全自救寶盒（五書+五卡+四卷錄影帶）		3,490元（特價2,490元）
孩童完全自救手冊—這時候你該怎麼辦（合訂本）		299元
我家小孩愛看書— Happy學習easy go！	200元	天才少年的5種能力 280元
哇塞！你身上有蟲！— 學校忘了買、老師不敢教，史上最髒的科 學書	250元	

◎**關於買書：**

1、大都會文化的圖書在全國各書店及誠品、金石堂、何嘉仁、搜主義、敦煌、紀伊國屋、諾
　　貝爾等連鎖書店均有販售，如欲購買本公司出版品，建議你直接洽詢書店服務人員以節省
　　您寶貴時間，如果書店已售完，請撥本公司各區經銷商服務專線洽詢。
　　北部地區：(02)85124067　桃竹苗地區：(03)2128000　中彰投地區：(04)27081282
　　雲嘉地區：(05)2354380　　臺南地區：(06)2642655　　高屏地區：(07)3730079

2、到以下各網路書店購買：
　　大都會文化網站（http://www.metrobook.com.tw）
　　博客來網路書店（http://www.books.com.tw）
　　金石堂網路書店（http://www.kingstone.com.tw）

3、到郵局劃撥：戶名：大都會文化事業有限公司　帳號：14050529

4、親赴大都會文化買書可享8折優惠。

超省錢
浪漫婚禮

北 區 郵 政 管 理 局
登記證北台字第9125號
免 貼 郵 票

大都會文化事業有限公司
讀者服務部收
110台北市基隆路一段432號4樓之9

寄回這張服務卡(免貼郵票)
您可以：
◎不定期收到最新出版訊息
◎參加各項回饋優惠活動

大都會文化 讀者服務卡

書名：超省錢浪漫婚禮

謝謝您選擇了這本書！期待您的支持與建議，讓我們能有更多聯繫與互動的機會。
日後您將可不定期收到本公司的新書資訊及特惠活動訊息。

A. 您在何時購得本書：_____年_____月_____日

B. 您在何處購得本書：_____書店，位於_____(市、縣)

C. 您從哪裡得知本書的消息：1.□書店 2.□報章雜誌 3.□電台活動 4.□網路資訊
　　5.□書籤宣傳品等 6.□親友介紹 7.□書評 8.□其他_____

D. 您購買本書的動機：（可複選）1.□對主題或內容感興趣 2.□工作需要 3.□生活需要
　　4.□自我進修 5.□內容為流行熱門話題 6.□其他_____

E. 您最喜歡本書的（可複選）：1.□內容題材 2.□字體大小 3.□翻譯文筆 4.□封面
　　5.□編排方式 6.□其他

F. 您認為本書的封面：1.□非常出色 2.□普通 3.□毫不起眼 4.□其他_____

G. 您認為本書的編排：1.□非常出色 2.□普通 3.□毫不起眼 4.□其他_____

H. 您通常以哪些方式購書：(可複選)1.□逛書店 2.□書展 3.□劃撥郵購 4.□團體訂購
　　5.□網路購書 6.□其他_____

I. 您希望我們出版哪類書籍：（可複選）
　　1.□旅遊 2.□流行文化 3.□生活休閒 4.□美容保養 5.□散文小品
　　6.□科學新知 7.□藝術音樂 8.□致富理財 9.□工商企管 10.□科幻推理
　　11.□史哲類 12.□勵志傳記 13.□電影小說 14.□語言學習（　語）
　　15.□幽默諧趣 16.□其他_____

J. 您對本書(系)的建議：_____
_____

K. 您對本出版社的建議：_____
_____

讀者小檔案

姓名：_____　性別：□男 □女　生日：_____年_____月_____日

年齡：□20歲以下□21～30歲□31～40歲□41～50歲□51歲以上

職業：1.□學生 2.□軍公教 3.□大眾傳播 4.□服務業 5.□金融業 6.□製造業
　　　7.□資訊業 8.□自由業 9.□家管 10.□退休 11.□其他_____

學歷：□國小或以下 □國中 □高中／高職 □大學／大專 □研究所以上

通訊地址_____

電話：（H）_____（O）_____ 傳真：_____

行動電話：_____ E-Mail：_____

❖謝謝您購買本書，也歡迎您加入我們的會員，請上大都會網站www.metrobook.com.tw登
　錄您的資料。您將不定期收到最新圖書優惠資訊和電子報。

超省錢浪漫婚禮

作　　者：Ting＆史黛菲
發 行 人：林敬彬
主　　編：楊安瑜
編　　輯：杜韻如
內文排版：瑞比特設計有限公司　www.rabbits.tw
封面設計：瑞比特設計有限公司　www.rabbits.tw
出　　版：大都會文化事業有限公司　行政院新聞局北市業字第89號
發　　行：大都會文化事業有限公司
　　　　　110台北市信義區基隆路一段432號4樓之9
讀者服務專線：（02）27235216
讀者服務傳真：（02）27235220
電子郵件信箱：metro@ms21.hinet.net
網　　址：www.metrobook.com.tw

郵政劃撥：14050529　大都會文化事業有限公司
出版日期：2008年9月初版一刷
定　　價：250元

ISBN 13 ：978-986-6846-35-9
書　　號：Master 16

First published in Taiwan in 2008 by
Metropolitan Culture Enterprise Co., Ltd.
4F-9, Double Hero Bldg., 432, Keelung Rd., Sec. 1,
Taipei 110, Taiwan
Tel: +886-2-2723-5216　Fax: +886-2-2723-5220
E-mail: metro@ms21.hinet.net
Website: www.metrobook.com.tw

國家圖書館出版品預行編目資料

超省錢浪漫婚禮/
Ting＆史黛菲著
-- 初版. -- 臺北市：大都會文化. 2008.09
面；　公分. -- (Master；16)
ISBN 978-986-6846-35-9 (平裝)
1. 婚禮 2.手冊
538.44026　　　　　97004648

超省錢
浪漫婚禮